SIX PHILOSOPHES DANS MON SALON

Ilaria Gaspari

SIX PHILOSOPHES DANS MON SALON

Sagesses antiques

Traduit de l'italien par Romane Lafore

Champs essais

Publication originale : *Lezioni di felicità*

ISBN : 978-2-0802-4970-8

Le bonheur des Anciens

> « Vain est le discours du philosophe par lequel l'homme n'est guéri d'aucune passion[1]. »
>
> Épicure

Il fut un temps où le monde était bien plus jeune et la philosophie, une invention flambant neuve, placée entre les mains du premier des Sept sages, le proto-philosophe Thalès.

La légende veut qu'une nuit, alors qu'il flânait les yeux rivés aux étoiles sans se préoccuper de l'endroit où il mettait les pieds, Thalès ait trébuché et fini dans un puits. Malheureusement pour lui, une petite servante de Thrace se trouvait dans les parages : lorsqu'elle vit les quatre fers en l'air cet homme qui s'évertuait à connaître les choses du ciel mais n'était pas capable de regarder par terre, elle s'en moqua et se garda bien de lui venir en aide. Cet apologue si piquant – avec la lune dans le puits, le comique

1. Toutes les œuvres et traductions dont sont extraites les citations du texte sont référencées dans la bibliographie finale.

involontaire du philosophe distrait, la sagacité de la jeune fille – a rencontré, au fil des siècles, un franc succès : on ne perd jamais une occasion de le raconter, quand on invoque Thalès et quand on cherche à illustrer combien le bon vieux sens pratique doit l'emporter sur les fantaisies de la spéculation pure.

Mais ceux qui pensent trouver dans l'anecdote les arguments pour reprocher aux philosophes l'inutilité de leurs méditations feraient bien de se pencher sur le moment où cette historiette est apparue sous la forme que nous lui connaissons, avec Thalès et la jeune fille dans les rôles, respectivement, du professeur tête en l'air et de la personne de petite condition remplie de bon sens. Cela se passe dans le *Théétète*, dialogue de Platon au cours duquel est rapportée une conversation entre Socrate – c'est lui qui raconte la mésaventure du savant dans le puits, empruntant le sujet à Ésope, dont l'une des fables mettait en scène la chute non pas d'un philosophe mais d'un astronome vaniteux – et le jeune mathématicien Théétète. La conversation, d'après le cadre du dialogue, aurait eu lieu quelques années plus tôt, peu de temps avant la mort de Socrate. Et ce détail compte : nous savons tous – nous le savons, nous, aujourd'hui, mais les Athéniens de l'époque le savaient d'autant mieux – de quelle façon allait mourir Socrate – en prison, au nom du cher bon sens de ses concitoyens, qui ne voulaient plus entendre parler de ce sorcier excentrique et de sa philosophie, et craignaient qu'il ne corrompe leur précieuse jeunesse en lui fourrant de drôles d'idées dans la tête.

À la lumière du funeste présage de la mort de Socrate annoncée par la mise en abyme du dialogue, la figure du philosophe raillé se confond avec celle du philosophe tué. Pour Socrate, en effet, les moqueries de ceux qui ne surent pas (ou ne voulurent pas) comprendre le sens des investigations qu'il menait, fouillant dans les choses du monde à la recherche de la vérité, prirent un tour tragique : et il est loin d'être évident, insinue Platon en mettant justement dans la bouche de son maître l'anecdote de Thalès, que les petites servantes thraces aient toujours raison.

Mais souvent, et encore plus souvent pendant les périodes de bouleversement et de crise comme celle que nous sommes en train de vivre, la voix du bon sens s'élève et s'arroge le droit de dire que la philosophie est parfaitement inutile, une lubie de vieux professeurs tête en l'air qui trébuchent sur le premier obstacle qu'ils rencontrent : pourquoi l'étudier, puisqu'elle ne sert à rien ?

On ferait mieux, pourtant, de regarder de plus près l'exemple des Grecs anciens : pour eux, en cela bien plus modernes que nous, il n'existait pas de hiatus entre la réflexion et la vie. À leurs yeux, l'opposition entre théorie et *praxis* philosophiques était tout à fait labile. Et l'ambition principale du philosophe n'était pas de bâtir des systèmes, ni de spéculer de manière abstraite : comme le dit au IIIe siècle avant Jésus-Christ le platonicien Polémon d'Athènes, c'était avant tout dans les « choses de la vie » qu'il fallait s'exercer. La philosophie était alors en premier lieu le fruit d'un choix, une façon de vivre, et de fait, on la pratiquait dans les *écoles* ; et les écoles – qui fleurirent tout au long de l'ère hellénistique, connaissant un énorme succès en des temps à bien des égards semblables au nôtre, des temps de changement, de crise, et de recherche effrénée du bonheur – n'étaient pas des endroits où l'on se contentait d'étudier. Il s'agissait de vraies communautés, d'associations libres permettant à des disciples de se réunir autour d'un maître qui prenait la parole non pas pour construire devant eux de mirobolantes structures conceptuelles, mais pour les former.

Dans les écoles, on partageait le temps et les habitudes, et on vivait dans le respect des normes et des enseignements transmis par le maître. Dans leur orientation globale, dans leurs principes, comme l'a écrit Pierre Hadot, « toutes les écoles philosophiques de l'Antiquité ont refusé de considérer l'activité philosophique comme purement intellectuelle, comme purement théorique et formelle ; ils la considèrent comme un choix, qui engageait toute la vie et toute l'âme[1] ». La philosophie n'était pas un pur exercice spéculatif, mais réclamait un investissement spirituel.

La philosophie des écoles consistait avant tout en un art de vivre ; un entraînement inflexible destiné non seulement à stimuler l'intelligence du disciple, mais à transformer son existence à travers une série de règles s'appliquant à la pensée et à la vie. De ces règles naît une forme de sagesse qui ne se pose jamais comme alternative au bonheur : au contraire, surtout au sein des écoles fondées dans le sillon de l'enseignement

1. Pierre Hadot, in *Problèmes de la morale antique*, sept études réunies par Paul Demont, Amiens, Université d'Amiens, 1993, p. 7-37.

socratique, la sagesse se réalise dans la vie heureuse du savant.

Ce que les anciens appellent « bonheur » (εὐδαιμονία, *eudaimonia* : composé de εὖ [*eu*] « bien », et δαίμων (*daimon*) « esprit, sort ») est un destin heureux que l'on se construit grâce à une juste posture de corps et d'esprit ; et c'est une forme presque héroïque de fidélité à soi-même, de dévouement à sa propre vocation naturelle – à savoir celle d'être heureux, précisément. Le bonheur résulte d'un exercice de liberté ; pas seulement vis-à-vis des coups du sort, des bonheurs et des malheurs que la vie nous réserve, des caprices de l'opinion des autres, mais aussi et par-dessus tout vis-à-vis de nous-mêmes – vis-à-vis des habitudes transformées en automatismes, vis-à-vis des réactions immédiates qui font de nous des marionnettes à la merci d'un système de croyances reçu sans aucune distance critique. Ainsi, les règles proposées par ces écoles dessinent une série d'exercices de plus en plus intenses qui exigent de la part de celui qui s'y soumet une continuelle remise en question de sa propre disposition intérieure – mais également des dispositions extérieures.

Cela fait des siècles que ces écoles ont fermé. De l'atmosphère incroyable qui devait régner dans le jardin d'Épicure, ou sous le portique peint de la Stoa, ne nous restent que des fossiles épars, des fragments de texte qui ont traversé les millénaires pour nous faire entendre les échos des maîtres dont les silhouettes nous apparaissent nimbées d'une aura légendaire.

Aujourd'hui, nous étudions ces écoles, et la philologie nous offre d'inestimables outils pour en sonder les secrets, ausculter les documents qui subsistent, formuler des hypothèses et reconstruire ce que le temps a rendu invisible. Nous pouvons étudier cet héritage, discuter des oppositions entre différentes doctrines, chercher les racines de leurs règles et de leurs tabous ; nous pouvons observer les témoignages d'une époque révolue comme Thalès observait la lune et le firmament. Mais nous pourrions tout aussi bien regarder le ciel, nous aussi, et songer que la lumière de ces étoiles qui brillent au-dessus de nos têtes devait déjà s'acheminer vers nous quand Socrate, sur le point de mourir, parlait de la petite servante thrace, et même quand Pythagore interdisait vigoureusement à ses adeptes de toucher à la viande ou aux fèves. Nous pourrions accepter l'idée que ces maîtres de philosophie et leurs élèves ont véritablement existé, et qu'ils étaient des hommes (et quelquefois, mais hélas très rarement, des femmes) comme vous et moi. Et s'ils modelèrent leurs us et coutumes en fonction des règles prescrites par les écoles qu'ils fréquentaient, s'ils se soumirent à d'âpres exercices spirituels pour tenter d'atteindre le bonheur dont nous parlons toujours autant, s'ils apprirent à vivre grâce à leurs maîtres, alors pourquoi aujourd'hui, à une époque éloignée d'eux de plusieurs années-lumière, ne pourrions-nous pas tenter l'entreprise à notre tour ? Il faudrait être fou pour laisser disparaître ce patrimoine de sagesse pratique ! Heureusement, nul ne nous empêche de nous inscrire à l'une ou l'autre de ces écoles, celle qui nous attire le plus, dans un exercice de dilettantisme heureux, dans une expérimentation existentielle et philosophique privée de prétentions philologiques et pourtant sérieuse, à sa façon, comme est sérieux tout ce qui nous pousse à retourner les perspectives, à rebattre les cartes, à inverser les systèmes de référence.

Et si nous finissons nous aussi les quatre fers en l'air et la tête dans le puits, tant pis. Nous écouterons rire les passants ; à ceux qui nous diront que la philosophie ne sert à rien, nous répondrons qu'elle sert, et comment, puisqu'elle apprend à vivre. Et peut-être que cela nous fera rire, nous aussi, mourir de rire, même, à l'instar du philosophe stoïcien Chrysippe de Soles, littéralement mort de rire en regardant son âne manger des figues et boire du vin.

Connais-toi toi-même

Quand le soir tombe, je regarde les fenêtres éclairées des appartements voisins. En face, une chambre de garçons, deux frères qui se disputent et se tapent dessus en permanence, sauf quand ils s'assoient à leurs bureaux pour faire leurs devoirs, mais cela ne dure jamais longtemps car ils finissent toujours par recommencer la bagarre. La fenêtre à droite donne sur un salon : grandes bibliothèques courant le long des murs, lampadaire au sol, un ficus benjamina qui aurait besoin d'être arrosé – chaque soir, je constate la disparition de nouvelles feuilles, il est à présent presque entièrement nu. Au-dessus du salon se trouve une cuisine, fréquentée par deux petits vieux ; la lumière trop vive, froide, se reflète sur un mobilier spartiate en noyer qui n'a pas l'air de première jeunesse. Le couple dîne à dix-neuf heures trente, chaque jour que Dieu fait. Monsieur tourne le dos à la fenêtre, madame fait le service, et quand les deux ont fini de manger, autour de dix-neuf heures cinquante, c'est lui qui se charge de la vaisselle. Elle reste assise à table et je me demande bien ce qu'ils se racontent. Pour la première fois, je me surprends à penser que, depuis l'immeuble d'en face, eux aussi – les frères, leur mère qui allume le lampadaire dans le salon, les petits vieux – peuvent observer mes fenêtres éclairées ; mais ce sera la dernière fois qu'ils verront cet appartement tel qu'il est aujourd'hui, tel qu'il a toujours été depuis qu'il est à moi.

Demain, les livres dans la bibliothèque auront déjà disparu, engloutis par les cartons dans l'entrée qui ne demandent qu'à être remplis. Dans cet appartement tant aimé, où je connais l'emplacement de chaque chose parce que j'y ai réfléchi et que je l'ai choisi, je me sens tout à coup comme au théâtre, seule : l'autre acteur est parti. C'est la dernière représentation d'un spectacle qui s'est donné pendant dix ans, et aucun spectateur n'est là pour y assister.

J'ai à peine plus d'une semaine pour vider les lieux.

J'ai lu ça quelque part, je ne sais plus où (à l'époque, j'ai cru qu'il s'agissait d'une exagération) : les déménagements seraient, au même titre que les divorces et les deuils, parmi les moments les plus traumatiques de la vie d'un individu. L'article les désignait comme « événements psychosociaux stressants », facteurs d'anxiété, d'angoisse, de dépression. J'avais souri et je m'étais dit, en refermant la revue, aussi satisfaite qu'un matou ronronnant au-dessus de son poêle : comme ils y vont ! Tout ce drame pour un déménagement…

Et voilà que je me retrouve à mesurer mon existence au nombre de cartons qui peuvent la contenir : plus rien ne me semble exagéré dans les conclusions de cette enquête, dans cette énigmatique classification d'épisodes bouleversants que j'avais sous-évaluée et fini par oublier.

Suis-je heureuse ? La question me vient tandis que je décroche un tableau du mur et que je repense au jour où nous avons enfoncé le clou, riant et nous disputant pour de faux parce que nous nous étions trompés dans les dimensions. Suis-je heureuse ? La question semble stupide dans un moment comme celui-ci. La maison que nous avions patiemment cherché à faire ressembler à notre idéal de maison ? Démontée sous mes yeux, objet après objet, pièce après pièce. Ma vie ? En lambeaux. Bien sûr que je ne suis pas heureuse. Je suis tout sauf heureuse. Mais comme cela arrive souvent quand on répond trop vite à une question qu'on s'est posée à soi-même, la première réponse n'est jamais la bonne. Ou plutôt : jamais la seule.

Je suis désespérée. Qui ne le serait pas, à ma place, larguée du jour au lendemain après dix ans d'amour ? Et comme si cela ne suffisait pas, il me faut également déménager d'urgence car le loyer n'est soudain plus à ma portée. Ce déménagement est une violence, et pourtant, quelque chose m'arrive. C'est un déchirement, mais comme si un ciel en carton-pâte se lacérait pendant une représentation de marionnettes : derrière, je vois le ciel. Le vrai.

Pour la première fois depuis longtemps, je retrouve l'aigre sensation de la liberté, alors que tout s'écroule et disparaît. Peut-être que le moment est venu de réfléchir à un moyen d'être heureuse.

Quiconque a vécu, au moins une fois dans sa vie, cette enivrante expérience sait qu'on commence toujours un déménagement par les livres. Aux yeux de l'empaqueteur sur le point d'abriter des mois, des années, des décennies entières de son existence dans le refuge provisoire des cartons, la bibliothèque, avec ses trompeuses rangées de parallélépipèdes réguliers, apparaît comme un mirage étincelant. Dans les rares (mais pas impossibles) cas de déménagements heureux, la bibliothèque est l'image parfaite, l'illustration concrète de ce que l'optimiste inconscient répète à qui mieux mieux depuis qu'il a décidé, par envie ou par nécessité, de changer de domicile : ça ira vite. En moins de temps qu'il n'en faut pour le dire, tout sera emballé. Même dans les circonstances où prédominent le nihilisme, le découragement, l'apathie, l'angoisse du carton, la bibliothèque représentera un havre : si l'empaquetage du reste de la maison promet d'impossibles contorsions et des défis dignes d'une partie de Tetris, la bibliothèque constituera toujours l'exercice facile, la partie rapide à liquider comme un échauffement avant l'ingrate entreprise qui s'annonce.

Il ne s'agit bien sûr que d'un leurre : les bibliothèques obéissent à de mystérieuses lois entropiques, de sorte que les livres se multiplient à mesure qu'on les range dans les cartons. Il n'empêche qu'on commence toujours son déménagement par cet endroit, et peut-être pas seulement pour nous donner l'illusion que le travail sera facile. En fait, vider une bibliothèque revient à s'inventer archéologue de soi-même. À chaque nouvelle étagère qu'on dépoussière, ce sont des mois, des semaines, des années, des après-midi – des moments entiers de nos vies oubliés depuis longtemps – que l'on exhume. Lorsque l'on prend de vieux livres en main, le passé nous revient instantanément, immédiat, aussi intact qu'une relique.

Je me suis rendu compte de ce phénomène après en avoir fini avec les étagères centrales, les plus fréquentées, celles des romans, classés selon un ordre chronogéographique que ma négligence avait progressivement infléchi. Plus haut, bien mieux rangés que dans mes souvenirs, mes livres d'université patientaient depuis des années.

Je n'avais pas touché certains d'entre eux depuis le jour où je les avais placés là : et pourtant, le seul fait de les effleurer, en plus de déclencher une irrépressible crise d'éternuement, a pour effet immédiat de me replonger dans la période des partiels. Matinées ensoleillées, petit noir à la cafétéria du département de philosophie, camarades dissertant sur tout et n'importe quoi, barbes et lunettes de prof, premier semestre, second semestre, session de rattrapages, assistants rigides et assistantes magnanimes, stress, trac, épreuve orale, épreuve écrite, note sur la copie, moyenne sur le relevé. Les nuits d'avant l'examen, à réviser avec les copains, la moka glougloutant sur la cuisinière et les mantras censés nous porter chance. Cela me paraît hier, alors que c'était il y a dix ans. Introduction à la philosophie politique. Esthétique. Philosophie du langage. Philosophie théorétique, I et II, tout l'attirail, Kant et Schopenhauer. Et le cours sur Nietzsche et le nihilisme – direction le carton. L'espace d'un instant, je me dis que je pourrais reprendre *Humain, trop humain*. Après tout, me suis-je jamais sentie plus humaine qu'aujourd'hui ?

Alors que je m'apprête à tout laisser en plan pour me mettre à la lecture, juchée en haut de mon escabeau, je m'arrête. C'est ma vie qui part en morceaux, pas ma *Weltanschauung*. Ou alors si, elle aussi, mais j'aurai bien assez de temps, demain, pour affronter les problèmes théoriques – et quand je dis demain, j'entends un demain lointain et idéal, quand tout ce chaos aura pris fin et que la vie sera finalement parvenue seule, comme ça arrive souvent, à restaurer ma vision du monde. À présent, en haut de mon escabeau, je suis juste une femme recouverte de poussière, déboussolée, bonne à rien d'autre qu'à remplir, mécaniquement, dix, vingt, trente cartons de pure sagesse humaine.

J'ai étudié la philosophie, bon sang, mais en véritable thanatophile ! Je l'ai étudiée comme une science morte – quelle idiote j'ai été, toutes ces années que j'ai passées à bûcher sans mesurer un instant la chance que j'avais ! Tout était là, devant mes yeux, et je n'ai rien vu. Soudain, chaque chose se révèle à moi. Ces livres que je n'ai pas ouverts depuis des années, je ne dois pas me contenter de les lire à nouveau : je dois leur laisser m'apprendre quelque chose, je dois faire en sorte qu'ils m'éduquent, une fois pour toutes. Plutôt que de céder au pessimisme, je veux apprendre à vivre. Je me guérirai par la philosophie, comme les anciens. Pour obéir enfin au précepte gravé sur le temple d'Apollon : « Connais-toi toi-même. » Qu'est-ce que cela peut bien signifier ? Sommes-nous ceux que nous sommes grâce à la connaissance que nous avons de nous-mêmes, ou bien non ? Énigme insoluble sur laquelle je ne me suis plus penchée depuis le jour où... depuis l'examen de philosophie antique, justement, dont le corpus s'exhibe sous mes yeux, dernière étagère du haut, à gauche de la fenêtre. En équilibre sur mon promontoire, au mépris du danger, je me penche vers la tablette tandis que les deux frères, depuis leur chambre de l'autre côté de la rue, me montrent du doigt en ricanant – mais peu m'importe, Thalès aussi fut moqué par la petite servante thrace quand il trébucha dans le puits alors qu'il cherchait la lune. *Histoire de la philosophie antique*, mon premier cours : le voilà, ressuscité après des années d'oubli, comme un habitat mis au jour par un archéologue chanceux. Toute la biographie est là, et je me souviens de chaque livre. *Vies et doctrines des philosophes illustres*, de Diogène Laërce ; le monumental recueil des fragments des présocratiques, le Diels-Kranz. La couverture argentée du livre de Pierre Hadot, *Exercices spirituels et philosophie antique*, échappe à ma prise ; mue par un stupide réflexe pour le rattraper, comme s'il était en porcelaine, je manque de dégringoler de mon perchoir. Mais nous sommes indemnes – moi par miracle, lui parce qu'il a fait un vol plané tout en douceur jusqu'au parquet.

Je me retrouve assise sur le sol, au milieu des cartons en désordre, en train de lire. Tout d'un coup, au soulagement de ne pas m'être cassé le cou, s'ajoute l'illumination. J'ai besoin d'une *école*. Or, d'écoles, la philosophe grecque antique en a produit en pagaille. Je m'inscrirai à toutes celles auxquelles je peux m'inscrire. Et c'est ainsi que commencera, maintenant que je n'en ai plus besoin, maintenant que j'ai sûrement mille problèmes plus urgents à régler, mon éducation philosophique, ma recherche du bonheur.

Première semaine

Une semaine pythagoricienne

Je commencerai un mardi : j'emploie mon lundi à apprendre par cœur les préceptes. Comme une comptine, l'un à la suite de l'autre, je les scande à voix basse en appuyant chaque syllabe, sur le rythme martial employé des années auparavant pour mémoriser la succession des rois de Rome ou les montagnes composant la chaîne des Alpes. Voilà que je me retrouve à ânonner quinze règles, ou plutôt quinze tabous, quinze tabous primitifs, qui révèlent, selon les dires de savants illustres, la matrice tribale de l'école pythagoricienne. À mon tour, maintenant, de rejoindre cette école antique pas si différente d'une secte, sous le patronage d'un philosophe un peu chamane – bien que, dans le rayon poussiéreux de ma mémoire scolaire, il apparaisse avant toute chose, et même exclusivement, comme l'inventeur du théorème éponyme dont je m'aperçois avec effroi que je ne suis même plus capable de l'énoncer (quant à le démontrer, n'en parlons même pas...).

Tant mieux, au fond : j'ai besoin de place pour faire entrer les quinze petites phrases mystérieuses. Si je veux pouvoir les appliquer, il va falloir que je les connaisse sur le bout des doigts. Je les répète dans l'ascenseur, je les répète en descendant les escaliers, je les répète jusqu'à leur faire perdre leur sens, comme ces noms auxquels on a trop longuement pensé ; pendant que je me lave les dents et tandis que j'empaquette mes vêtements. Je les répète toute la journée du lundi.

1. Abstiens-toi de fèves
2. Ne ramasse pas ce qui est tombé
3. Ne touche pas un coq blanc
4. Ne romps pas le pain
5. Ne franchis pas les poutres
6. N'attise pas le feu avec un couteau
7. Ne mords pas dans une miche entière
8. N'arrache pas les guirlandes
9. Ne t'assieds pas près d'une chénice
10. Ne mange pas le cœur
11. Ne marche pas sur les grand-routes
12. Ne permets pas aux hirondelles de se partager ton toit
13. Quand tu ôtes ta marmite du feu, efface sa trace des cendres
14. Ne te regarde pas au miroir à côté d'une lampe
15. Une fois sorti de tes couvertures, roule-les et efface ton empreinte.

À ces quinze préceptes que j'ai fini par connaître aussi bien qu'une litanie, il me faut ajouter une règle fondamentale, facile à interpréter, celle-là : le végétarisme. Tous les textes consacrés à Pythagore en font mention. Diogène Laërce, par exemple, rapporte que le petit déjeuner de Pythagore se composait de pain et de miel, et qu'il ne mangeait pour le dîner rien d'autre que des légumes crus. Il raconte aussi que le philosophe avait l'habitude de venir importuner les pêcheurs quand ils rentraient au port, le soir, pour les forcer à rejeter à la mer le fruit de leur journée de travail.

Ovide relate comment Pythagore s'en prenait aux mangeurs de viande, leur réservant des harangues musclées qui ne faisaient pas dans la dentelle. Sans s'embarrasser de nuances, il disait aux carnivores que leurs corps gloutons s'opposaient aux lois de la nature, qu'ils ingurgitaient les viscères des autres au sein de leurs propres viscères, que leurs dents n'étaient que des crocs cruels, qu'ils remettaient au goût du jour les us et coutumes des Cyclopes alors que la terre offrait assez de biens divins pour se permettre des banquets continuels sans commettre le moindre massacre.

Devenir pythagoricienne, c'est bien joli. Mais dans les faits ? Certaines des règles sont tout bonnement indéchiffrables. Même Jamblique en convenait durant l'Antiquité, ainsi que je le découvre tandis que je me documente pour essayer de comprendre à quoi je suis censée obéir. Karl Popper et John Burnet peuvent bien dire ce qu'ils veulent au sujet des résidus tribaux : pour moi – et pour Jamblique au IIIe siècle –, certaines consignes résonnent davantage comme des préconcepts superstitieux que comme des règles de conduite philosophique.

Dans *La Nuit des rois*, Shakespeare s'en amuse à travers la voix du bouffon qui met au défi Malvolio, l'intendant de la belle comtesse Olivia, de continuer à chasser les coqs de bruyère, alors qu'il sait – en référence à la croyance pythagoricienne en la métempsychose – qu'il court le risque de dévorer par erreur l'âme de sa grand-mère. Il est amusant de constater que, parmi tous les préceptes pythagoriciens, le dramaturge anglais ait choisi de se concentrer sur le végétarisme, son précepte le plus suivi aujourd'hui, pour des raisons mystiques, éthiques ou simplement sanitaires (et aussi, peut-être, parce qu'il faut bien s'imposer des règles, parfois, et qu'on trouve toujours un motif pour les justifier *a posteriori*).

Oui, les règles de Pythagore sont déconcertantes : des règles de petite vieille, disait ce taquin de Jamblique ; des règles de névrosés affectés de troubles obsessionnels compulsifs, j'ajoute à mon tour, et je n'ai aucun mal à me reconnaître dans un tel profil. Et dire que c'est justement à cause de cette surabondance de préceptes que, après avoir longuement réfléchi, j'ai décidé de commencer par le pythagorisme ! Je me suis dit que j'aurais besoin de prescriptions précises pour m'orienter : on ne peut pas s'inventer un nouveau style de vie digne d'un exercice philosophique sans quelque directive pour nous aider à adopter sinon une nouvelle vision du monde, du moins une nouvelle pratique existentielle.

L'école pythagoricienne se prête si bien à mon insolite projet qu'elle compte même dans ses rangs deux groupes d'élèves distincts. Parmi les pythagoriciens ésotériques – les adeptes ayant décidé d'entrer dans cette communauté qui influençait aussi bien leur vie quotidienne que leur conception philosophique – se côtoyaient en effet les acousmatiques et les mathématiciens. Et les acousmatiques (c'est-à-dire, les « auditeurs » : des pythagoriciens en formation, disons) ne connaissaient que les aspects *pratiques* de la doctrine. En fin de compte, ils vivaient de la même façon que je vis moi, pendant ma semaine pythagoricienne : en conservant la propriété de leurs biens, et en s'en tenant au pythagorisme comme règle de conduite. À l'issue d'un rigoureux parcours, cependant, les acousmatiques pouvaient devenir mathématiciens, et être donc initiés aux aspects spéculatifs, *scientifiques*, de la doctrine, qu'ils devaient à tout prix garder secrets. (On a d'ailleurs coutume de dire que la ruine de l'école a été causée par l'un de ses membres, qui aurait divulgué l'existence des nombres irrationnels.) Seuls les mathématiciens pratiquaient la vie en commun, se pliant à une discipline rigide et renonçant à la propriété privée.

C'est une très bonne chose que je puisse m'identifier à une catégorie d'adeptes en particulier. Certes, cette expérience existentielle ne peut pas revendiquer une parfaite fidélité philologique : à ma version du pythagorisme fait complètement défaut, par exemple, l'aspect communautaire de l'école. Cette pensée menace de me plonger dans d'amères réflexions – quelle effroyable époque individualiste vivons-nous ! –, mais je m'arrête aussitôt. Je serais la première à me méfier si quelqu'un, de but en blanc, me proposait d'entrer dans une secte. Et voilà que je me retrouve nez à nez avec un petit paradoxe : ce sont des choses qui arrivent quand on joue avec l'« estrangement » – concept inventé par les structuralistes russes pour rendre compte de ce qui arrive quand on sort de l'automatisme de la perception – et qu'on s'essaie à des entreprises aussi excentriques. Je viens de me rendre compte qu'il est impossible de savoir si la cause de mon isolement monadique est l'époque où je vis ou bien plutôt ma propre personne. Parce que nul besoin d'avoir lu Montaigne (même si ça aide) pour réaliser qu'on ne peut pas tracer nettement une frontière entre soi-même et son temps – les habitudes et les modes qu'il charrie, les critères qu'il nous impose pour distinguer ce qui est « normal » de ce qui ne l'est pas. Je m'en souviendrai la prochaine fois que me viendra la tentation, obtuse et réactionnaire, de critiquer les comportements d'aujourd'hui – et si l'expérience était déjà en train de porter ses fruits ? Quoi qu'il en soit, j'ai besoin de normes précises, maintenant, alors que je commence tout juste mon expérimentation : c'est une expérience éthique, pratique, et j'en suis la pionnière. Mais qui sait si cela ne changera pas en chemin…

Si mes sources sont exactes, l'école pythagoricienne accueillait les femmes à bras ouverts. Cela n'avait rien d'évident pour l'époque, tout au contraire. D'ailleurs la seule femme philosophe de l'Antiquité dont le nom est arrivé jusqu'à nous, Hypatie, bien qu'étant *stricto sensu* néoplatonicienne, enseignait une pensée mêlée de pythagorisme : à cet égard, elle fut à la fois philosophe et mathématicienne. Hypatie vécut bien après Pythagore, dans l'Alexandrie des IVe-Ve siècles après Jésus-Christ. Entre-temps, Platon, Aristote et plusieurs autres philosophes avaient, chacun à leur façon, contracté une dette envers Pythagore, lequel, comme l'observe Bertrand Russell, fut le premier à donner forme au raisonnement déductif sur lequel se fonde la philosophie. Hypatie, dont on dit qu'elle était très belle et très déterminée à rester vieille fille, se consacra principalement aux mathématiques : géométrie, algèbre, astronomie. Elle dessina des astrolabes et mit au point un instrument au nom évocateur, l'« urinomètre », qui permettait de déterminer le poids des différents éléments composant les urines. C'est aux pythagoriciens qu'on doit d'avoir mis au jour le lien entre médecine et mathématiques. Malheureusement, Hypatie, à l'instar de nombreuses femmes indépendantes ayant vécu avant que l'indépendance des femmes ne devienne chose banale – l'est-elle d'ailleurs jamais vraiment devenue ? –, a été transformée en symbole, en étendard, en exemple. Un symbole confidentiel, du reste : la renommée d'une philosophe alexandrine du IVe siècle, malgré tous les péplums qu'on pourra réaliser sur elle, n'atteindra jamais le firmament... Mais le fait est qu'elle reste une silhouette légendaire, marquée par son héroïsme et son expérience du martyre, telle une sainte païenne.

Il faut dire qu'il y a matière à construire un mythe. Hypatie mourut d'une mort violente, les chrétiens voyant d'un mauvais œil son habitude de sillonner la ville sous un habit de philosophe pour dispenser des leçons ouvertes. Elle fut arrachée à son char un jour de carême de l'an 415, puis, rapporte Edward Gibbon, traînée par une escouade de chrétiens menée par Pierre le magistrat jusqu'à une église où son corps fut sauvagement décharné à l'aide – tenez-vous bien – de coquilles d'huître. Pour finir, elle fut mise au bûcher.

De ma plus belle écriture, j'ai recopié les règles puis je les ai scotchées au-dessus de mon lit, le seul meuble restant dans la pièce dépouillée, au cas où j'en oublierais certaines pendant la semaine. Aucune règle ne me l'interdit, aucune règle pythagoricienne, je veux dire. Le bon sens, peut-être, ou alors s'agit-il de sa voix à lui qui m'adresse l'un de ses reproches en ronchonnant : il ne faut jamais rien accrocher au mur. Et moi qui venais de déposer chez l'encadreur un dessin acheté une fortune chez un bouquiniste parisien pour lui faire une surprise… C'était l'illustration d'un vieil album, Babar et Céleste couchés dans deux petits lits parallèles. Je ne me rappelle plus les détails, simplement l'ambiance qui régnait dans cette pièce dessinée, une atmosphère rassurante de foyer et de calme. Je ne suis jamais allée récupérer l'illustration chez l'encadreur.

Je suis ainsi faite.

Je n'affronte jamais les conflits, je les évite. Certains appellent ça entente cordiale. Combien de fois l'ai-je entendue, cette expression – parfois lancée par lui avec un soupçon de sarcasme, parfois murmurée par moi pour justifier mon hédonisme timide. Mais il faudrait admettre qu'il ne s'agit en fait que de paresse. De la paresse à l'état pur, l'unique principe guidant mon existence. Je me demande si ce n'est pas à cause de ça qu'il a décidé de partir. Disputes trop exceptionnelles et donc rarissimes réconciliations, alors qu'elles figurent, de l'avis de tous, parmi les moments de la vie de couple dont on ressort le plus soudé. J'ai suivi ses règles par inertie, sans trop m'appliquer. Pourquoi ? C'est maintenant, seulement, que je me pose la question. Parce qu'au fond, je n'ai aucun respect pour les règles, parce que je n'arrive pas à m'imposer quoi que ce soit, et voilà le résultat : je ne peux rien imposer de moi-même aux autres.

D'innombrables problèmes, dans ma vie d'adulte et même dans ma vie d'enfant, sont nés de mon inaptitude à, comme on dit, « prendre la situation en main ». Je fuis devant tout : pour être tout à fait honnête, je suis une procrastineuse en série, de niveau professionnel. Vous n'avez pas idée des abîmes d'angoisse et de fainéantise dans lesquels je peux sombrer. En fait, ce n'est pas de la paresse, c'est de l'apathie. Je suis capable de me gâcher des journées entières à penser à « toutes ces choses que je devrais faire » tandis qu'en moi l'angoisse monte, lente et inexorable, comme l'eau dans la cale du bateau naufragé sur un océan de tâches non accomplies. D'une façon ou d'une autre, le vrai procrastinateur parvient toujours, comme par enchantement, à projeter sur chaque fraction du présent l'ombre de cette épée de Damoclès temporelle que nous appelons *tard*. Sa vie est un enfer qui oscille entre paniques vertigineuses et distractions non appréciées. Le seul aspect satisfaisant de ce méticuleux autosabotage réside dans le miracle déclenché par l'affolement. Ce miracle pur, authentique, de la dernière minute. Pas la précipitation oppressante du Lapin blanc, pas l'étouffante *sensation* d'être en retard : la certitude fébrile de n'avoir irrémédiablement « plus le temps » et l'adrénaline que celle-ci déclenche, nous poussant, par exemple, à apprendre en une nuit entière un cours qui aurait réclamé deux semaines de révision – mon mal s'est en effet aggravé à l'université. Je sais ce que vous êtes en train de vous dire. Et la réponse est oui : j'ai essayé. J'ai essayé de m'arracher aux asphyxiantes spirales de la paresse. J'ai entrepris de dresser des listes de choses à faire, pour m'offrir plus tard la satisfaction de les rayer d'un énergique trait de stylo. Je me suis accordé de petites récompenses, comme si j'étais un caniche à dresser, à chaque fois que je parvenais à achever quelque chose. En vain : je suis restée toujours aussi flemmarde.

Je me demande : le pythagorisme parviendra-t-il à me changer maintenant, alors que je m'apprête à quitter ce domicile anciennement conjugal ? Alors que je m'apprête à quitter une maison transformée, avec ma manie de tout faire traîner, en théâtre d'un bras de fer permanent contre le temps – ce temps qui s'amuse à me faire perdre quatre-vingt-dix-neuf fois pour m'offrir une sanglante victoire à la centième occasion ?

Je dois reconnaître que les règles, avant même que je commence à les appliquer, me poussent déjà à remettre en question mes vieilles habitudes. Je n'arrête pas de penser à l'idée de la transmigration des âmes, d'un corps abandonné pour un autre. Au-delà de l'évidente ironie qui surgit lorsque l'on applique cette métaphore à ma situation sentimentale – en me quittant ainsi du jour au lendemain, a-t-il transmigré directement vers un autre corps ? –, je pense que l'on peut utiliser cette image pour parler de mon déménagement. Je quitte cette maison, comme une âme prête à renaître sous une autre forme. La nouvelle sera plus petite, plus étroite, mais rien qu'à moi, pour la première fois : ce sera comme se réincarner en colibri.

C'est un véritable déménagement métempsychique qui s'annonce, en somme ; à condition que j'arrive à appliquer ces sacro-saintes règles et à me comporter en pythagoricienne acousmatique dans un appartement donnant sur une cour intérieure et sur l'arrière-cuisine d'un restaurant dont les employés écoutent du matin au soir les grands succès de Richard Cocciante.

Pour l'instant, je dois seulement m'efforcer de comprendre les préceptes. Certains sont inaccessibles aux non-initiés comme moi. D'aucuns soutenaient selon Jamblique que Pythagore avait fourni une explication pour chacun des *akousmata*, mais que, les enseignements s'étant transmis à l'oral, les justifications avaient fini par se perdre avec le temps, au fur et à mesure que s'éloignait la source de la doctrine[1] : la plupart du temps, seules subsistèrent les règles, sous la forme de tabous nus et crus. Des tabous hérités en quelque sorte : je dois me contenter de ça. Car, et c'est l'aspect fondamental de mon entreprise, autant le sens figuré demeure obscur, autant le sens propre est d'une clarté cristalline. Je dispose donc d'une série de règles à suivre fidèlement – mais j'ai bien peur de ne jamais pouvoir savoir avec certitude si les pythagoriciens aussi les suivaient à la lettre. Il existe certes pléthore de légendes et d'anecdotes qui donnent à penser que c'était le cas, mais n'est-ce pas

1. On cite souvent en exemple l'un des tabous les plus mystérieux : l'interdiction de rompre le pain. Voici ce qu'en dit Giovanni Sole, dans son ouvrage *Il tabù delle fave : Pitagora e la ricerca del limite* (Soveria Mannelli, Rubbettino Editore, 2004) : « En ce qui concerne les explications additionnelles, certaines semblent liées dès leurs origines aux maximes auxquelles elles se réfèrent, d'autres, au contraire, semblent y avoir été adjointes ultérieurement ; par exemple, lorsque l'on précise au sujet de l'interdiction de rompre le pain que cela ne serait pas utile le jour du jugement aux Enfers. Il se trouve que les éclaircissements, hypothétiques, donnés pour les maximes de ce type ne remontent pas à l'école pythagoricienne mais sont l'œuvre de conjectures exogènes ayant pour but de leur chercher *a posteriori* des motivations plausibles. »

le propre des légendes de ne reposer que sur un fond de vérité[1] ?

Au début, je suis surprise par la tournure énigmatique de ces préceptes et peu rassurée quant à la suite de mon expérience. Je me sens complètement ridicule à me répéter des phrases comme « ne touche pas un coq blanc ». Ça ne risque pas, me dis-je en ricanant. Facile de respecter des interdits quand rien ne nous pousse à les transgresser – or, je peux en être sûre, alors que je m'apprête à déménager d'un bout à l'autre d'une métropole grouillante en l'an deux mille dix-huit, je n'aurai pas la possibilité, ni la tentation, de toucher des coqs blancs.

Mais venons-en aux règles : à celles que j'ai su interpréter et à celles restées bloquées à leur signification littérale. Je ferais bien de préparer un compte

1. Il y a, par exemple, la fameuse histoire des pythagoriciens dans le champ de fèves. On raconte – Jamblique, en l'occurrence – qu'un groupe de disciples de Pythagore avait pris la fuite pour des raisons politiques. Au bout d'un moment, ces derniers se retrouvèrent face à un champ de fèves en fleurs. Rien ne put les convaincre de le traverser, pas même la menace de leurs poursuivants : ils restèrent là, cloués sur place, et eurent tôt fait d'être capturés et exécutés, à l'exception d'un certain Milliade et de sa femme, enceinte. Traînés devant le tyran Denys, qui voulait savoir la raison de cette interdiction de piétiner les fèves, ceux-ci refusèrent de parler et furent torturés à mort. D'une façon plutôt comique, Jamblique souligne que cette histoire glaçante révèle à quel point il était difficile, pour les pythagoriciens, de « lier amitié avec des étrangers ». Voilà jusqu'à quelles extrémités, du moins dans la geste pythagoricienne, les fidèles étaient prêts pour respecter leurs préceptes. La légende veut même que la mort de Pythagore en personne eût été causée par les fèves : en fuite vers le Métaponte, lui aussi eut la possibilité de se sauver en traversant un champ de fèves mais préféra se faire attraper et mettre à mort plutôt que d'enfreindre sa loi.

rendu de tout le mal que je me suis donné pour les suivre, et de tous les changements qui se sont opérés en moi pendant ma semaine pythagoricienne ; autrement, cette expérience risque de figurer à son tour parmi les victimes de ma proverbiale paresse. Laquelle, d'ailleurs – je l'ai découvert –, est expressément interdite par le pythagorisme.

La première règle est un grand classique, d'autant qu'on étudie généralement Pythagore au lycée et qu'un double sens aussi croustillant que celui contenu dans le premier des préceptes pythagoriciens – « abstiens-toi des fèves » – ne peut passer inaperçu auprès des adolescents[1]. Comme il arrive souvent, l'humour (bien que dépourvu de subtilité, on ne peut pas trop en demander à une classe de lycéens déchaînés soumis à d'irrépressibles montées d'hormones) saisit une once de vérité. En effet, il réside dans cet interdit quelque chose qui flirte véritablement avec le tabou : rien de tel pour déclencher l'hilarité. Seulement l'humour pubère sous-estime la portée de cette première règle, ne se concentrant que sur le double sens sexuel et perdant de vue la signification scatologique, bien plus accréditée par les savants qui se sont employés à déchiffrer cette prohibition depuis l'Antiquité.

Parmi toutes les proscriptions édictées par Pythagore, celle-ci peut s'enorgueillir du plus grand nombre d'hypothèses interprétatives. Selon Aristote, par exemple, elle pouvait provenir de la ressemblance des fèves avec les parties génitales ou bien, autre

1. NdT : dans le langage populaire italien, le substantif « *fava* » désigne le sexe masculin.

option, avec les portes des Enfers – ressemblance qui m'échappe, malheureusement. Ou encore d'autres subtiles associations, parmi lesquelles le lien entre fèves et oligarchie. En effet, de la même manière qu'on utilisait des pois chiches pour jouer à la tombola, les graines de fève servaient à tirer au sort les noms des magistrats.

Certains ont imaginé que l'interdit dérivait d'une allergie de Pythagore, c'est-à-dire que le sage, souffrant de favisme, aurait eu à cœur d'éloigner de tous ses disciples cet aliment qui lui causait du mal à lui, telles ces mères anxieuses qui imposent à leurs enfants de se couvrir quand elles ont froid. Et peut-être, dans sa campagne contre les fèves, ne se contenta-t-il pas d'embrigader ses disciples ; à en croire certaines anecdotes, Pythagore, comme un excentrique précurseur de François d'Assise, savait converser avec les animaux. Porphyre raconte qu'une fois, dans un champ proche de Tarante, le philosophe aperçut un bœuf en train de brouter des fèves. Bravant les moqueries du bouvier, le sage s'approcha et susurra quelques paroles à l'oreille de la bête pour lui demander de s'éloigner à jamais de ces funestes plantes. Le mammifère obéit aussitôt et grand bien lui en prit : il vécut longtemps, au sein du sanctuaire d'Héra, où il fut élevé au rang de bœuf sacré.

Pour tout vous dire, je suis davantage convaincue par les interprétations mettant en cause les déplaisants effets secondaires des fèves : le fait qu'elles provoquent des flatulences et que, laissées longtemps au soleil – comme cela devait arriver souvent, dans la Crotone des temps de Pythagore –, elles diffusent une odeur proche de celle de la chair en décomposition.

Toujours selon Porphyre, à la nuit des temps, êtres humains et fèves furent arrachés au chaos originel et fabriqués à partir du même « matériel putréfié[1] ». Claude Lévi-Strauss a mis en évidence une mystérieuse connexion entre les fèves et le monde des morts, de l'impureté et de la décomposition.

Mais à mon avis, c'est Pline l'Ancien, grand expert des choses de la nature, qui sut le mieux expliquer la défiance des pythagoriciens à l'égard de ces légumineuses. D'après lui, il fallait en chercher la cause dans l'étrange correspondance qui se mettait en place entre hommes et fèves et que venait révéler le phénomène biologique des flatulences ; comme si les fèves, au même titre que les hommes, avaient une âme – les Grecs la désignaient par le terme de « souffle vital », première signification du mot « psyché » (ψυχή). Les flatulences, par conséquent, étaient vues comme des souffles vitaux impurs ; et ce parallèle aurait reposé sur une solide base anthropologique, puisque même en Inde, comme c'était le cas en Grèce, il était proscrit à quiconque devait accomplir une fonction sacrée d'ingérer des fèves pendant toute la période précédant la cérémonie.

1. Comme si cette idée n'était pas déjà assez dérangeante, Porphyre prend soin d'ajouter à sa démonstration une série de répugnantes « preuves » empiriques : « Croquez une fève ; après l'avoir écrasée avec les dents, exposez-la quelque temps à la chaleur des rayons du soleil, puis allez vous-en et revenez au bout d'un instant : vous y trouverez l'odeur de la semence humaine. Ou bien, quand la fève bourgeonnante fleurit, prenez un peu de la fleur noircissante, mettez-la dans un pot de terre que vous boucherez et enfouirez dans le sol ; vous l'y laisserez quatre-vingt-dix jours, après quoi vous la déterrerez et enlèverez le couvercle : vous trouverez alors, à la place de la fève, ou une tête d'enfant bien formée, ou un sexe féminin. »

Je n'ai aucune peine à respecter la première règle : au contraire de celle ayant trait au végétarisme, cette loi si fondamentale pour les acousmatiques ne provoque aucun changement direct dans mes habitudes. Pythagoricienne malgré moi, j'ai depuis ma plus tendre enfance une sainte horreur des lentilles, petits pois, fèves, haricots et autres pois chiches. Pour quelle raison, je ne saurais le dire exactement : j'ai cru, sans jamais prendre la peine de m'attarder longuement sur la question, que cela avait à voir avec leur forme, petite et ronde, et avec une histoire que quelqu'un m'avait racontée dans un but éducatif mais qui m'avait terrifiée : celle d'une petite fille qui se serait fourré un haricot dans la narine sans savoir que celui-ci allait faire germer une plante entière qui finirait par lui sortir par la tête. Maintenant que je me penche sur le cas des pythagoriciens, je ne peux cependant pas exclure que l'odeur des légumineuses ait joué son rôle depuis toujours.

La deuxième règle est : « Ne ramasse pas ce qui est tombé. » Je n'ai pas de mal à en comprendre le sens figuré (du moins c'est ce que je crois), sans doute proche de celui du dicton « Ne pleure pas sur le lait renversé ». Dieu sait comme ce genre de maximes peut se révéler précieux quand on vient d'être quitté après des années d'amour et que chaque souvenir s'apparente à un reproche qu'on s'inflige à soi-même. Mais au-delà de la métaphore, à laquelle je m'agrippe comme un naufragé à sa bouée de secours, il y a la lettre. Apparemment – toujours dans le registre des obsessions alimentaires de Pythagore –, il s'agirait d'une mise en garde à destination des disciples contre l'excès de nourriture, comme une façon de dire « laissez au moins les miettes ». Du reste, même les miettes tombées par terre, pour les Grecs de l'Antiquité, revêtaient un aspect surnaturel, comme le révèle Aristophane : elles revenaient de droit aux *daimones*. D'un coup, la distraction dont j'ai toujours fait preuve à table me fait l'effet d'une impardonnable négligence.

Là où échouèrent les réprimandes de mes parents et de mes instituteurs, qui tentèrent en vain de corriger une maladresse enfantine invétérée, cristallisée plus tard sous la forme de paresse, Pythagore réussit. Dans les intentions, au moins : je me force enfin à être plus attentive. Par chance, cette semaine, je fais moins de miettes que d'ordinaire, grâce à deux autres règles : la n° 4 (« Ne romps pas le pain »)[1] et la n° 7 (« Ne mords pas dans une miche entière »). Pour la première fois de ma vie, je coupe toujours et exclusivement mon pain avec un couteau, plutôt que d'en arracher des morceaux avec les mains dans une apothéose d'écailles de croûte.

Je fais attention à tout ce qui m'échappe des mains, et pendant une semaine, je ne ramasse jamais rien. Cela m'oblige à passer l'aspirateur – aucune règle ne me l'interdit –, tâche que j'exécute avec un zèle inédit.

1. Selon Diogène Laërce, ce précepte provient du symbole qu'incarne le pain : celui d'un lien fondé sur la loyauté réciproque (les amis se réunissent autour du pain, dit Diogène, et rompre le pain reviendrait à rompre le lien). Quant à l'interdiction de mordre dans une miche entière, il semblerait qu'il s'agisse d'une superstition ayant survécu dans certaines cultures paysannes. Cela serait vu comme un mauvais présage. Du reste, sur le pain comme sur le vin (qui porte malheur s'il est versé « à la traître », avec le poignet tourné vers l'extérieur), se concentrent un nombre énorme de croyances.

L'ironie, c'est que la maison que je m'apprête à quitter n'a jamais été aussi propre. Fut un temps où je m'en remettais à l'approximative légende urbaine dite des « cinq secondes » (si quelque chose finit par terre et que vous le ramassez avant d'avoir compté jusqu'à cinq, il vous suffit de souffler dessus et de faire comme si de rien n'était), quand un morceau de pomme ou de tomate tombait au sol, ou même une tartine – à moins qu'elle n'eût été beurrée au préalable, circonstance irréversible car la tartine tombe toujours du côté beurré, et il devient alors impossible de la manger même si moins de cinq secondes se sont écoulées. Tant que je me fiais à cette loi (superstitieuse, elle aussi), la chute d'objet n'avait rien d'une tragédie ; je n'y faisais pas attention, tout simplement. Mais ça, c'était avant que je devienne pythagoricienne. Il m'en coûte tant de devoir sortir l'aspirateur à chaque incident que je suis devenue, presque par réflexe pavlovien, bien plus vigilante. Je ne dis pas qu'il n'y a pas quelques ratés, mais ils sont de plus en plus rares, même une fois la semaine écoulée.

D'autres règles s'apparentent à celle-ci, des règles dont la dimension « concrète » représente une panacée pour les personnes enclines comme moi au désordre – et dont le sens figuré propose une cure efficace pour les cœurs brisés. Il s'agit des règles n° 13 (« Quand tu ôtes ta marmite du feu, efface sa trace des cendres »), n° 15 (« Une fois sorti de tes couvertures, roule-les et efface ton empreinte ») et n° 12 (« Ne permets pas aux hirondelles de se partager ton toit »). Les deux premières traitent de l'attitude à adopter en cas d'émigration – d'un corps à l'autre, en vertu du principe de la métempsycose ; d'une maison à l'autre, en vertu du principe du déménagement –, et invitent à résister à la tentation de laisser des traces trop violentes, trop insolentes, de son propre passage. Je fais donc mon lit tous les matins, avec une précision nouvelle qui me pousse à aplanir le matelas et à battre mes oreillers avec une énergie que je ne me soupçonnais pas les jours où je me contentais de remonter à la va-vite draps et couvertures. J'interprète le précepte qui concerne la marmite comme une exhortation tout aussi salutaire à nettoyer mes plaques de cuisson à chaque fois que je les utilise, et non, dans le meilleur des cas, une fois par semaine. Je découvre la satisfaction de me faire à manger dans une cuisine étincelante et je me couche le soir dans un lit tellement bien tiré que j'ai la délicieuse impression de m'endormir dans le « *king size* » d'un quatre-étoiles. Et pour ce qui est de la métaphore... Même si en ce moment mon égocentrisme se concentre uniquement sur les côtés négatifs, me poussant à me sentir entièrement responsable de cette douleur qui m'est tombée dessus, il n'en reste pas moins égocentrisme pur et dur. Cesser de penser à mon empreinte ne peut que me faire du bien, commencer à envisager de ne pas forcément laisser une trace de moi dans tout ce que je fais, accepter que ma personnalité n'est finalement pas aussi importante que ce que je croyais, que je peux me permettre de disparaître, d'effacer mes marques. Déranger le moins possible jusqu'à moi-même. Cette pensée m'inspire une mélancolie presque tendre, un détachement à peine perceptible vis-à-vis des souvenirs, qui me permet d'appréhender l'adieu imminent à la maison d'une manière beaucoup moins symbolique : comme quelque chose qui arrive, tout simplement.

La règle n° 12, celle des hirondelles, signifierait apparemment qu'il faut « éviter d'offrir l'hospitalité à des personnes bavardes ». Maintenant que je suis seule, il m'est facile de la respecter : aucun bavard en vue. En revanche, des pigeons très têtus ont pris l'habitude de s'installer sur mon balcon quand je n'y suis pas, le souillant de plumes et d'excréments. Cela fait des mois que ça dure, à mon grand désespoir, et j'ai beau les chasser au balai dès que je les aperçois, rien n'y fait. Il fallait que je croise la route de Pythagore pour me décider enfin à me rendre au magasin de bricolage et y acheter ces gros pics métalliques appelés « dissuadeurs » – et de fait, ils dissuadent très efficacement les volatiles de revenir se percher chez moi. Au moins, les prochains locataires trouveront une maison débarrassée de ses habitants à plumes, un balcon immaculé : toute trace aura été effacée.

Ce que je remarque, c'est que mon humeur semble s'améliorer de jour en jour, surtout depuis que j'ai appliqué la règle n° 2 au sens figuré et cessé de pleurer sur le lait renversé. Je dois dire que la règle n° 10, « Ne mange pas le cœur », parfait pendant de l'interprétation métaphorique de ce deuxième précepte, m'y a bien aidée : bien qu'elle semble tout à fait obscure au premier coup d'œil, cette règle, au-delà de l'interdit alimentaire qu'elle recouvre, d'ailleurs déjà compris dans l'impératif du végétarisme, signifie qu'il ne faut pas se torturer en ressassant ses amertumes.

Nous le savons tous, le cœur a ses raisons. Prenez quelqu'un qui vient d'être quitté, qui se sent seul et perdu comme Ariane à Naxos, qui doit vider une maison remplie de souvenirs, et essayez donc, pour voir, de lui répéter qu'elle ne doit pas *se torturer en ressassant ses amertumes*... J'ai peine à croire que vous l'aidiez à se sentir mieux. Et pourtant, d'une façon ou d'une autre, le pythagorisme a eu sur moi un effet anesthésiant. Je suis la première à me demander comment cela a été possible. Ce constat me déboussole. Je ne dis pas que je flotte sur un nuage, je n'ai pas trouvé le bonheur d'un coup : j'ai encore beaucoup de chemin à parcourir, je le sais bien. Surtout quand, comme le stipule la règle n° 11, il m'est interdit de « marcher sur les grand-routes ».

Qu'est-ce que cela signifie ? Que le bon pythagoricien ne doit pas se ranger aux opinions les plus courantes, mais emprunter sa propre voie, souvent plus tortueuse, pour arriver à connaître les causes de toute chose. Cette règle, dans sa dimension la plus pragmatique, m'apporte un bénéfice inattendu, qui prend le contre-pied de l'idée répandue selon laquelle la route la plus courte est toujours la meilleure. En cherchant à éviter les grand-routes, je me retrouve perdue au beau milieu de ruelles et d'impasses ; je traverse des placettes et des jardins, je monte et descends par des escaliers secrets. Résultat : je ne sais pas depuis quand je n'avais pas autant marché. J'arrive en retard à tous mes rendez-vous, je perds un temps infini pile pendant la semaine où j'aurais dû être efficace et agile, et empaqueter *presto* toutes mes possessions. Mais marcher – croyez-le ou non – est bon pour le cœur. Marcher à s'en faire mal aux pieds quand on est triste fait partie de ces expériences qui poussent à sortir de soi-même pour rejoindre le monde ; de ces expériences qui épuisent les spirales de pensée à vide, qui nous font sentir libres, puis exténués. Or la fatigue et le sentiment de liberté sont deux antidotes à la tristesse, sinon infaillibles, du moins utiles, la tristesse réclamant, pour se multiplier et s'inscrire dans la durée, des espaces clos, étouffants, et beaucoup d'énergie. Comme les vampires, la tristesse craint la lumière du soleil.

Et me voilà donc flottant dans un état de sérénité à peine assombri par le chagrin. Cette réussite, je la dois en partie à l'effort que me coûte cette nouvelle occupation : rien qu'à interpréter les règles, les mémoriser et les marteler à ma conscience en permanence, mes énergies mentales ont de quoi faire pour la journée entière. Dans cet état de tension et de volonté nouveau pour moi, je n'ai pas le temps de pleurer sur mon sort ; tout se passe comme si s'était éveillé en moi un pragmatisme insoupçonnable la veille encore. Je m'occupe l'esprit, pour reprendre l'expression de mes copines – « occupe-toi l'esprit », me serinaient-elles, et je trouvais leur conseil stupide. Mais je ne le leur disais pas ; je ne connaissais pas encore le précepte n° 6 pourtant (« N'attise pas le feu avec un couteau »), qui, s'il est difficile à transgresser dans sa formulation littérale, du moins en l'absence de cheminée, incite à se tenir à distance des polémiques. Heureusement, mon caractère s'est toujours chargé de m'épargner les accès de colère et les disputes excessives : maintenant que je suis obligée d'y réfléchir, cependant, il ne s'agit plus d'un réflexe conditionné par ma personnalité. Il me faut donc me plier à un nouvel exercice et tâcher d'éliminer les causes d'irritation trop forte.

Je n'y avais pas pris garde, au début, mais cette expérimentation existentielle que j'ai inventée sert *précisément* à m'occuper l'esprit ; et peut-être aussi, j'espère (suis-je en train de me leurrer ?), à me faire comprendre quelque chose sur moi, sur la vie, sur ce que nul ne sait expliquer : comment on vit, comment on fait pour vivre une fois que s'est déchiré le décor peint en bleu et qu'on a découvert que ce n'était pas le ciel ; une fois que s'est frayé un chemin jusqu'à nous l'évidence que toute chose a une fin, même si les symptômes de la fin restent invisibles jusqu'au dernier moment ?

Porphyre rapporte que Pythagore prescrit à ses disciples une sorte d'examen de conscience avant de s'endormir et un autre au réveil. Paraît-il (toujours selon Porphyre) qu'en se couchant, les pythagoriciens entonnaient une chansonnette dont les paroles, grosso modo, peuvent être traduites de la sorte :

N'accueille pas le sommeil
Dans tes yeux indolents
Avant d'avoir reparcouru trois fois
Toutes les actions de la journée :
De quelle façon ai-je fauté ?
Qu'ai-je fait ?
Lequel de mes devoirs
Ne fut pas accompli ?

Je la chante à mon tour, sur une mélodie de ma composition ; d'abord en bravant mon sens du ridicule, puis, les jours passant, avec une conviction croissante. Et au réveil, avec une assurance diminuée par la conscience aiguë que nous avons de la réalité après un long repos, j'entonne la version matinale, plus souple, qui dit :

À peine sorti
Du doux sommeil
Réfléchis bien
Aux actions que tu accompliras
Dans la journée.

Je me soumets avec beaucoup plus de sérieux à l'examen de conscience, soir après soir. La première fois, je m'endors en pleurnichant alors que l'aube pointe déjà à mes carreaux. J'ai du mal à m'en tenir à la seule journée écoulée quand je repense à tout ce que j'ai mal fait : comme un fleuve qui se jette dans un lac, le temps défile à toute vitesse, je repense à la semaine passée, au mois précédent, à l'année. Le lendemain soir, j'ai à peine le temps de passer en revue ma journée que je suis déjà endormie, apathique et épuisée. À partir de la troisième nuit, je commence à comprendre que je ne peux pas m'accuser de *tout* ce qui est allé de travers, et qu'en le faisant, je me contente d'essayer de clôturer les comptes à la va-vite, sans assumer finalement la moindre responsabilité. Le matin, en ouvrant les yeux, j'essaie de retrouver le fil de mes pensées, mais plus le temps passe et plus le réveil me cueille vidée. Comme quand on a beaucoup marché la veille et que nos jambes, le lendemain, sont dures et gonflées ; endolories, mais d'une douleur sourde, comme un souvenir de la fatigue, presque agréable. Je commence à faire la différence entre ce que j'ai fait, moi, ce que j'ai pensé, ce que j'ai ressenti, ce que j'ai dit, et ce que lui a dit et fait. Ce n'est pas facile, et pourtant, ça change déjà quelque chose. C'est un exercice presque hypnotique, qui me donne l'impression de me tenir en suspension dans un espace blanc, loin de la douleur lancinante des premiers jours. Méditer doit ressembler à ça, me dis-je.

Et puis il reste des règles mystérieuses que j'ai du mal à suivre, ou plutôt, que je suis sans effort sur le plan littéral, mais seulement parce que la possibilité que je les transgresse impliquerait que je vive d'une façon et dans un lieu tout à fait différents. Par exemple, l'énigmatique consigne n° 3 (« Ne touche pas un coq blanc »), qui trouve peut-être son origine dans le rôle symbolique du coq blanc, dont on disait qu'il chassait les ténèbres, et que l'on donnait en offrande à Esculape, le dieu grec de la médecine. La n° 5 (« Ne franchis pas les poutres ») me paraît en revanche incompréhensible : selon Porphyre, elle pourrait signifier qu'il ne faut prendre le dessus sur personne ; en tout état de cause, les poutres restent bien fixées au-dessus de ma tête. Quant à la règle n° 9 (« Ne t'assieds pas près d'une chénice »), je ne sais pas bien moi-même ce qu'est une chénice. Je lis chez Porphyre que cela devrait signifier : « Ne vis pas dans l'oisiveté. » Quoi qu'il en soit, depuis que je suis une pythagoricienne aux prises avec un déménagement, l'oisiveté, mère de tous mes vices, s'apparente à un très lointain souvenir, presque une source de nostalgie. Je suis tellement concentrée pour ne pas commettre d'impair que ma paresse semble avoir fondu comme neige au soleil. Voyons maintenant la règle n° 8 :

« N'arrache pas les guirlandes. » Mais quelles guirlandes ? Quand bien même j'en croiserais une, l'idée ne m'effleurerait pas de l'arracher ! Mon guide dans ce voyage, Porphyre, m'explique que c'est une façon de dire : « Ne viole pas les règles » ; or je n'ai j'aimais été aussi obéissante que pendant cette semaine, à tel point que je me conforme à des préceptes absurdes comme « Ne te regarde pas au miroir à côté d'une lampe » et que si je dois sortir le soir, je me maquille à l'aveugle. Les résultats ne sont pas aussi désastreux que ce que j'aurais pu craindre : je découvre ainsi que je connais mon visage par cœur, bien mieux que je ne le pensais. Il arrive souvent que nous ne parvenions pas à penser sans nos repères habituels, que nous ignorions que c'est possible – tel un petit enfant qui a peur de faire du vélo sans les petites roues, qui pleure et s'agite et crève de trouille, mais qui finit par découvrir interloqué que sa bicyclette reste en équilibre.

Et à l'issue de cette semaine passée, pour la première fois de ma vie, à obéir à des règles absurdes au lieu de n'en faire qu'à ma tête, n'écoutant que moi ou plutôt ma paresse, je me retrouve étonnamment en équilibre, moi aussi. En équilibre, et au milieu de la route, entourée de mon mobilier, tandis que les déménageurs chargent les cartons dans leur fourgon.

Deuxième semaine

Une semaine éléatique

Combien de fois, pendant mes études de philosophie, j'ai entendu parler de la « tromperie des sens » – comme si les oreilles, les yeux, la langue, le bout des doigts ou même le nez pouvaient tromper quelqu'un ! Et combien de fois, plutôt que de prendre au sérieux ce poncif éculé, je m'en suis gaussée. J'étais convaincue du contraire : il n'y a justement qu'aux sens que l'on peut se fier, pensais-je, et j'admirais des crépuscules où le soleil semblait sombrer sous la ligne de démarcation de la mer, je reniflais des fleurs dans des jardins pour tenter de deviner leurs noms et, au rayon cosmétique des grands magasins, j'essayais des parfums en cachette pour rappeler à ma mémoire des personnes que j'avais à jamais identifiées à leur fragrance. Par habitude et par conviction, je me suis toujours répété que la défiance à l'égard des sens n'était qu'une vieille superstition, rien d'autre qu'un préjugé poussiéreux à destination des rabat-joie, déconnecté des trépidations de la vie – de la vie qui continue même quand nous n'y faisons pas attention, qui avance et se modifie, lancée en avant comme une flèche, et qui vise loin ; et pendant ce temps, le soleil se lève à des endroits de la planète que nous ne voyons pas.

Suis-je toujours de cet avis ? Oui, au fond. Dans l'ancestrale bataille qui oppose les sens à la raison, je reste partisane des premiers. Comme tout le monde, j'imagine, à part peut-être les néoparménidiens. Or ils existent : quelque part dans le monde, des gens aiment faire des choix radicaux.

Je dois cependant admettre, maintenant qu'elle est derrière moi, que la semaine éléatique a mis à rude épreuve cette confiance qui me paraissait couler de source, automatique, l'infrangible fondement de ma propre existence. Que s'est-il passé, pour qu'une telle assurance s'effrite ? Et surtout : quelle idée saugrenue j'ai eue de m'inscrire précisément à cette école, peut-être la plus mystérieuse, sans aucun doute la plus difficile, la plus inaccessible de toutes, plus encore que celle de Pythagore – qui avait l'avantage, au moins, de proposer des règles ? C'est ce que je me demande aujourd'hui encore, épuisée par une expérience théorétique suffisamment radicale pour remettre en cause presque l'intégralité de ce que je croyais savoir. Et me voilà en proie au doute : curieux dommage collatéral pour une école comme celle-ci. En effet, Parménide, élève lui-même d'un pythagoricien, un certain Aminias (en tout cas selon certaines sources citées par Diogène Laërce, par exemple Sotion), apparaît, à première vue, comme un penseur brutal aux réactions sommaires, prompt à exclure tout ce qui ne relève pas d'une certitude inébranlable, non seulement du champ de l'existence mais même de l'ensemble des choses dont il est possible de parler.

C'est à Parménide que l'on doit la principale thèse éléatique, plutôt tautologique : *l'être est, le non-être n'est pas*. Cet énoncé représente à lui seul l'intégralité de mes souvenirs au sujet de cette drôle d'école, quand je prends en main le Diels-Kranz pour me remettre à étudier.

Parménide rédigea un grand poème en hexamètres, intitulé *De la nature*, à l'instar de nombreux autres textes de philosophie antique (manifestement, personne à l'époque ne comptait sur l'originalité de ses titres pour se distinguer de ses collègues). Autant la thèse fondamentale des éléatiques s'apparente, du moins au premier abord, à une lapalissade, autant les quelques fragments qui nous restent de l'œuvre de Parménide rayonnent d'une aura visionnaire. Il s'agit du récit à la première personne d'un voyage que le philosophe aurait entrepris, guidé par de mystérieuses déesses sur l'identité desquelles les savants n'ont pas fini de débattre. Je suis étonnée de découvrir que j'ai encore en mémoire, depuis le lycée, les vers très étranges qui en constituent l'exergue, rapportés par Sextus Empiricus qui tenta même d'en donner un début d'interprétation :

> Les cavales qui m'emportent m'ont conduit aussi loin que mon désir puisse aller, lorsque, m'amenant, elles me mirent sur la voie aux nombreux signes de la divinité, voie qui, à l'égard de tout ce qu'il y a, mène à celle-ci l'homme mortel en le rendant savant. Par là j'étais porté, car, par là, les très prudentes cavales m'emportaient, tirant le char, tandis que des jeunes filles montraient la voie. [...] Et la Déesse m'accueillit, bienveillante, prit dans sa main ma main droite, parla ainsi et m'adressa ainsi la parole : Jeune homme,

> compagnon de cochers immortels, toi qui, grâce aux cavales qui t'emportent, atteins notre demeure, réjouis-toi, puisque ce ne fut pas un destin funeste qui t'envoya parcourir cette voie – car, certes, elle est à l'écart des hommes, en dehors du sentier battu –, mais le droit et la justice. Il faut que tu sois instruit de tout : à la fois du cœur sans variation de la vérité droitement persuasive, et des opinions des mortels où ne se trouve pas de conviction vraie.

Selon Sextus Empiricus, les cavales représenteraient les impulsions et les soifs irrationnelles de l'âme ; la « voie aux nombreux signes de la divinité » sur laquelle s'engage « l'homme mortel en le rendant savant », la spéculation fondée sur le raisonnement philosophique. Quant aux jeunes filles, elles incarneraient les sensations, mais attention : elles n'accepteraient de montrer le chemin qu'aux personnes déjà enclines à dépasser le « sentier battu ». Enfin, toujours d'après Sextus Empiricus, le philosophe serait accueilli par la Justice, de laquelle l'élu apprendra les deux fondements de sa future doctrine : *primo*, que le « cœur sans variation de la vérité droitement persuasive » constitue le solide édifice de la science, *secondo*, que les « opinions des mortels » sont tout sauf solides.

À vrai dire, l'interprétation tient la route, à l'exception d'un détail : l'identité de la mystérieuse déesse qui accueille le voyageur a suscité des siècles et des siècles de discussion, et il n'est en rien établi qu'il s'agisse de la Justice. D'aucuns y aperçoivent Mnémosyne, la Mémoire ; d'autres, une divinité nocturne, qui pourrait même coïncider avec Perséphone, debout sur les portes de la Nuit, autrement dit des Enfers. Pour d'autres encore, le philosophe dialoguerait avec la Nécessité

(Ἀνάγκη, *Anankè*) ; Martin Heidegger soutenait qu'elle était la Vérité en personne. En ce qui me concerne, en tant qu'adepte volontaire mais pas franchement initiée aux mystères de l'éléatisme, je me contente de penser que si le nom de la déesse demeure insaisissable, c'est que Parménide avait ses raisons, et qu'il est bien plus important de s'intéresser aux paroles de cette bonne dame qu'à son état civil.

Malheureusement, les mots que cette dernière prononce dès l'exergue ne sont pas moins impénétrables que son identité ; et l'affaire se corse dans le deuxième fragment du poème. En effet, la déesse prend à nouveau la parole et le lecteur passe de Charybde en Scylla :

> Viens donc, je vais dire – et toi, l'ayant entendue, garde bien en toi ma parole – quelles sont les seules voies de recherche à penser : l'une qu'il y a et que non-être il n'y a pas, est chemin de persuasion (car celle-ci accompagne la vérité) ; l'autre qu'il n'y a pas et qu'il est nécessaire qu'il n'y ait pas : celle-là, je te le montre, est un sentier dont on ne peut rien apprendre. Car tu ne saurais ni connaître le n'étant pas (car il n'offre aucune prise), ni en montrer des signes.

Je retombe avec émotion sur des vestiges de mes années d'étude : j'ai souligné au crayon à papier, en appuyant trop fort – sans doute la marque de mon impatience –, les passages que je ne comprenais pas. Je ne les comprends toujours pas. Mais il y a de quoi : le principal problème posé par ce fragment, selon les spécialistes, réside dans le fait que Parménide omet d'attribuer un sujet grammatical explicite à « il y a » et à « il n'y a pas » : nous ne savons même pas s'il s'agit de deux sujets différents ou si c'est toujours le même. Pour certains, il est implicite que la déesse parle de l'objet de la recherche, pour d'autres, le poète philosophe aurait volontairement laissé planer le doute. Cependant, l'interprétation qui fait autorité avance l'existence de deux sujets bien distincts : *l'être*, dans la première phrase, et *le non-être*, dans la seconde. Les deux énoncés relèveraient donc purement de la tautologie. L'être est tandis que le non-être n'est pas : n'est-ce pas, au fond, l'œuf de Colomb ? Un œuf très dur, sans vide et sans défaut sur sa coquille, lisse et rond comme la vérité. Chacune de ces deux tautologies est vraie, à cela près que la seconde ne l'est qu'en théorie, car selon Parménide le non-être n'est ni pensable ni dicible. En revanche, la première est tout ce qu'il y a de plus vérifiable d'un point de vue pratique : le fragment 6, en affirmant qu'« il faut dire et penser l'étant être ; car il y a être, et rien il n'y a pas », acte d'une fusion entre le plan ontologique et le plan logique et linguistique. Dire de quelque chose qu'il est reviendrait à dire non seulement qu'il *existe* mais aussi qu'il *est vrai*. Il y aurait en somme, pour Parménide, une parfaite coïncidence entre, d'un côté, le fait de penser et de dire, et, de l'autre côté, l'objet dit et pensé.

Bertrand Russell écrit que l'école éléatique nous a offert le premier exemple, en philosophie, d'un raisonnement partant de la pensée et du langage pour s'étendre jusqu'au monde entier. Peut-on construire ontologie plus lapidaire que celle-ci ? Peut-être d'ailleurs même *trop* lapidaire à mon goût.

J'ai la tête qui explose, à présent, mais j'essaie de tirer mes conclusions. Je dois me rappeler que la vraie voie de recherche, pour la parménidienne que je voudrais être cette semaine, part de la thèse selon laquelle être et non-être sont incompatibles, et interroge les conséquences qu'on peut en tirer à travers le raisonnement – le tout, en ignorant parfois ce qui nous apparaît comme évident dans le monde des apparences sensibles. En d'autres termes, et c'est tout le paradoxe, affirmer que l'Être est immuable, ingénéré, immobile et éternel revient à abolir le devenir, et à ne plus pouvoir dire de quoi que ce soit qu'il a disparu. Je dois considérer comme illusoires toutes les mutations du monde physique. Et rien d'étonnant à ce que ce raisonnement me désoriente, car le propre de la doctrine de Parménide est de mener tout droit à des conséquences qui entrent en conflit avec nos modes de pensée habituels, à des *paradoxes*, justement, du grec παρά (*parà*), « contre », et δόξα (*doxa*), « opinion ». C'est d'ailleurs par l'absurde que le disciple Zénon s'ingéniera à démontrer les thèses de son maître, c'est-à-dire en cherchant à prouver que si l'on fait ce que Parménide interdit (en attribuant, donc, l'être au mouvement et à la multiplicité), on finit par se prendre les pieds dans des résultats insoutenables. Et c'est cela qui m'intéresse, en tant qu'aspirante éléatique : je veux essayer de déceler l'absurde dans les expériences de tous les jours, dans les pensées que je suis trop habituée à formuler. Je veux m'éloigner de ce qui me paraît évident, et tenter de mettre en perspective ce qui m'entoure, comme si j'étais transportée dans l'espace infini sur un char tiré par des cavales ailées.

Une fois posé tout cela, comment commencer la semaine ? Je suis presque tentée de jeter l'éponge. Mais je sens que c'est précisément la difficulté de l'entreprise qui m'attire, l'inconsistance des appuis qui s'offrent à moi pour me frayer un chemin. J'ai beau remâcher les fragments du poème *De la nature*, j'ai l'impression d'ânonner une langue étrangère. J'appelle d'autres textes à mon secours, je m'en remets à Platon, qui tenait Parménide en grande estime. J'avais révisé son dialogue *Parménide* pour l'examen de philosophie antique, à une époque où les examens nous semblaient être des questions de vie ou de mort, scellant notre destin, et ouvrant ou non la voie aux infinies possibilités d'un été libéré de tout engagement, comme seuls le sont les étés d'étudiants. C'était le texte qui nous inspirait la plus grande terreur : non seulement il constituait la spécialité du « Perfide », le chargé de cours qui prenait un malin plaisir à nous interroger dessus, mais il était en lui-même rempli d'écueils, nous avions un mal fou à en parler, nous risquions à chaque pas de perdre l'équilibre. J'éprouve à présent une honte inconfessable et vaine quand je m'aperçois, en rouvrant le volume, que ma mémoire m'a joué un tour, et qu'il y a des trous là où je pensais que tout serait plein, lisse, sous contrôle. J'ignore encore que la semaine à venir œuvrera justement à me permettre d'accepter cela : que je ne domine ni le temps ni les souvenirs, que je ne peux pas les apprivoiser comme je le souhaiterais. Mais je suis loin de l'imaginer, quand je commence.

Le *Parménide* de Platon, relu maintenant hors de la perspective de l'examen oral mais dans le but de comprendre et de m'inscrire une bonne fois pour toutes à l'école éléatique, me paraît toujours aussi difficile, parfois même carrément opaque. Mais j'y vois quelque chose qui ne m'avait pas autant frappée à l'époque : un scandaleux parricide. Il s'agit en effet du dialogue dans lequel Platon énonce les fondements de sa théorie des idées ; il le fait à partir des mots qu'il met dans la bouche de Parménide, des mots nés de ces théories dont il ne nous reste que des fragments agencés ensemble en un étrange poème.

Seulement, dans le même dialogue, à travers la bouche de Socrate, Platon réfute les théories de ce même Parménide : comme si, arrivé à la cime de l'arbre, il envoyait valdinguer l'échelle qui lui avait permis d'arriver si haut et restait assis parmi les branches feuillues à jouir du panorama, convaincu au plus profond de lui-même de ne jamais plus avoir besoin de redescendre. J'avais un vague souvenir de cette histoire de parricide. Peut-être l'avais-je griffonné dans mes notes de l'époque, en marge de quelque cahier, pour me souvenir de le dire à l'examen et faire bonne figure auprès du professeur qui semblait y tenir beaucoup, pendant les cours, mais ce n'est que maintenant que je la comprends, que je la ressens, et il ne s'agit plus d'une leçon à apprendre par cœur, ni d'un détail biographique, mais de quelque chose qui a à voir avec une douleur profonde : celle d'abandonner ses propres maîtres.

Combien en ai-je abandonnés, moi, au cours de ces années ? Je n'ai pas cessé de m'en chercher, pour, au bout du compte, ne laisser à aucun d'eux la possibilité de rien m'enseigner, comme Parménide ne m'a rien enseigné – sinon quelques jours avant l'examen, histoire de le troquer contre une bonne note et un passeport pour l'insouciance estivale. J'étais loin de soupçonner, au départ, que la semaine parménidéenne m'aurait conduite à réfléchir à mon avarice – de temps, d'expérience, d'effort – et à essayer enfin d'être généreuse. Mais inutile d'aller si vite, de mettre la charrue avant les bœufs : il me faut procéder avec douceur et ordre.

Pourquoi ai-je choisi l'école éléatique ? En voilà une bonne question. À cause du déménagement. Je sais qu'à l'issue de la semaine pythagoricienne, vous m'avez laissée en pleine rue, armes et bagages dans un fourgon : j'avais encore quelques jours pour vider les lieux mais j'avais profité de ce délai acquis grâce à un sens de l'organisation qui ne cessait pas de m'émerveiller – et que je devais au pythagorisme, allié idéal dans l'extermination de mon ancien ennemi intérieur : la paresse – pour expédier mes biens dans mon futur appartement.

Il ne restait plus rien à l'ancienne adresse. Ou plutôt, presque rien. Je regardais la bibliothèque vide, la fine poussière qui tombait déjà sur les étagères, sur toutes à l'exception d'une seule : celle consacrée à la philosophie antique, encore occupée. Il fallait bien que je conserve quelques livres avec moi. Rester plusieurs jours dans une maison sans l'ombre d'un livre comporte des risques. Qu'aurais-je fait, par exemple, sans un livre pour m'aider à retrouver le sommeil après qu'un de mes innombrables cauchemars m'eut réveillée en sursaut au beau milieu de la nuit ? Il n'y avait plus rien dans la cuisine, à part quelques bricoles – une assiette, un verre, une petite casserole, deux, trois couverts. Et puis les bocaux à épices, les bouteilles d'huile et de vinaigre. Les étagères de la salle de bains se retrouvaient dépouillées de la jungle de flacons, tubes, pots et capsules qui y avait prospéré des années durant. Ne restaient plus qu'une palette de fard à paupières et un mascara, une brosse à dents, un tube de dentifrice, un gel douche, un shampooing, une brosse à brushing et une brosse ordinaire, un peigne et un millier d'épingles à cheveux. Mon lit était encore garni d'un drap et d'une couverture légère ; j'avais gardé avec moi quelques vêtements, une paire de chaussures de rechange, un lampadaire et une autre petite lampe, mais seulement parce que je n'avais pas voulu laisser cette dernière entre les mains des déménageurs, de peur qu'ils ne brisent son pied, aussi délicat que la tige d'une fleur.

On ne dirait pas, mais si je vous raconte tout cela, c'est parce que cette observation a joué un rôle dans mon expérience parménidéenne et dans mon inscription à l'école éléatique. Il a fallu que tout ce remue-ménage soit presque fini, le camion déjà sur le départ, pour que j'aie l'impression qu'il ne reste *presque* plus rien dans l'appartement… Il a fallu que ce moment arrive pour que je découvre que, dans certaines circonstances particulières, type déménagement, un nombre fini d'objets peut se subdiviser en une quantité quasiment infinie de contenants, cartons, valises et – par-dessus tout – voyages vers la nouvelle adresse. Je n'avais pas eu l'occasion de regarder d'aussi près une dichotomie à l'infini ; jamais le fameux paradoxe d'Achille et de la tortue ne m'était apparu si réel, si tragique, si absurde.

Ce paradoxe relève à la fois de l'énigme et du supplice, comme je fus forcée de le constater en bourrant du mieux que je pouvais ce qui restait de mon ancienne vie dans des valises au volume insuffisant, dans des sacs en plastique et des boîtes en carton, avant de m'apercevoir *in extremis* que j'avais oublié un plan de basilic à moitié mort sur le balcon. Achille et la tortue sont les premiers à me venir à l'esprit, quand je pense aux paradoxes de Zénon, peut-être en partie à cause de l'interprétation humoristique qu'en a faite Lewis Carroll[1], lequel imagina une tortue compassée et très anglaise qui m'a toujours fait rire. Mais, en fait, les paradoxes de Zénon (que Bertrand Russell, des siècles après leur invention, qualifiera d'infiniment subtils et profonds) figurent bel et bien au nombre de quatre.

Arrêtons-nous un instant sur le cas le plus fameux, celui d'Achille et la tortue. Aristote écrit : « Ce qui court le plus lentement ne sera jamais dépassé par le plus rapide ; car il est nécessaire que le poursuivant aille d'abord là d'où le fuyard est parti, de sorte qu'il est nécessaire que le plus lent ait quelque avance. » Vous avez bien lu : le plus lent – que Zénon, d'après

1. « Achille avait rattrapé la tortue et s'était installé sur son dos, bien à l'aise. “Vous avez donc, dit la tortue, réussi à terminer cette course. Elle se compose pourtant bien d'une série infinie de distances ? Il me semblait qu'un savant – je ne me rappelle plus son nom – avait prouvé que c'était impossible ?

— C'est tout à fait possible, répondit Achille. C'est même chose faite ! *Solvitur ambulando*. Les distances, voyez-vous, *diminuaient constamment*, si bien que...”

La tortue l'interrompit :

“— Mais si, au contraire, elles avaient augmenté constamment ? Que se serait-il passé ?

— En ce cas, je ne serais pas ici, répondit Achille avec modestie, et quant à vous, vous auriez fait plusieurs fois le tour du monde !” »

ce qu'écrit Aristote, choisit d'incarner par une tortue faisant la course contre Achille, le héros aux *pieds légers*, dans le but d'obtenir « un effet plus mélodramatique » (et, j'ajouterais, plus surréaliste) – a toujours « quelque avance ».

L'expérience prouve que ce n'est pas comme ça que cela se passe ; en effet, le raisonnement par l'absurde qu'actionne ce paradoxe a justement pour visée de nous dissuader de penser l'espace comme subdivisible : autrement, nous tomberions dans le piège, comme le pauvre héros des Achéens, contraint de cracher ses poumons à la poursuite de l'animal le plus lent du monde.

Les trois autres paradoxes[1], également contredits – comme le fait remarquer l'Achille de Carroll à sa tortue – par l'évidence que « tout se résout en marchant », mettent en évidence une chose : si nous nous

1. Le premier, dit de la « dichotomie », ressemble fort à celui d'Achille (le deuxième). Il y est avancé qu'on ne peut pas atteindre l'extrémité d'un stade sans avoir d'abord atteint la moitié, sauf qu'une fois atteinte la moitié, il faudra atteindre la moitié de la moitié restante, et ainsi de suite, sans que jamais on ne parvienne à atteindre l'autre extrémité du stade. Le troisième, dit de la « flèche », démontre que même si l'on présuppose l'existence de points et d'instants indivisibles, tout mouvement est impossible car la somme d'instants immobiles ne peut en aucun cas déboucher sur un mouvement : une flèche qui semble voler n'occupe à chaque instant qu'un espace équivalent à sa longueur, et comme le temps dans lequel se déplace la flèche est fait d'instants arrêtés, la flèche sera immobile à chacun de ces instants. Le quatrième, dit du « stade », soulève la difficile question de la durée et révèle implicitement la relativité du temps : il sous-entend qu'un corps ne peut avancer à des vitesses différentes et variables sur la base du système de référencement (si deux masses avancent l'une vers l'autre dans un stade, la conclusion absurde qui découle de ce mouvement est que la moitié du temps est égale au double).

mettons en tête de diviser le temps et l'espace, la division aurait des chances de se reproduire à l'infini. Mieux vaut donc nous résigner à ne diviser ni le temps ni l'espace, et à considérer ces deux données comme ayant une solide consistance ontologique.

Il serait tentant de recenser tous les arguments permettant de réfuter ces paradoxes, à commencer par ceux développés en grande pompe par Aristote, qui démontre dans sa *Physique* que les propositions de Zénon reposent sur le malentendu de l'infinie divisibilité du temps, lequel, contrairement à l'espace – continu –, serait au contraire discret, c'est-à-dire constitué d'instants indivisibles. Mais s'inscrire à l'école éléatique nécessite de se tenir à l'écart de ce dédale d'objections possibles.

Certes, il est vrai que « *solvitur ambulando* », comme dit Achille ; et pourtant, ces paradoxes ne sont pas totalement étrangers à l'élaboration par Einstein de la théorie de la relativité. La physique quantique a d'ailleurs rendu hommage à Zénon en inventant le terme de « *Quantum Zeno Effect* », qui désigne la façon dont un système qui déclinerait spontanément est empêché de le faire s'il est soumis à une infinité d'observations.

Et alors, plutôt que de me creuser la cervelle pour trouver des failles à ces démonstrations ardues, je me contenterai d'observer ce qui, grâce à elles, me saute aux yeux pour la première fois avec une évidence irréfutable : l'importance qu'a la façon dont nous *pensons* le réel. Zénon mit au point ces paradoxes pour offrir à la théorie de Parménide un outil génial et presque impossible à démonter : le raisonnement par l'absurde. Le très fort lien qui unissait Zénon à Parménide ne dégénéra jamais en un parricide symbolique comme celui perpétré par Platon. Si l'on en croit les témoignages de ses contemporains, Zénon était un très bel homme, de haute stature, charismatique. Un jour que Parménide avait déjà, pour son époque, atteint le grand âge – c'est-à-dire qu'il avait 65 ans –, lui et Zénon, rapporte Antiphon dans le *Parménide* de Platon, se rendirent ensemble à Athènes pour les grandes Panathénées. C'est à cette occasion qu'ils firent la connaissance du très jeune Socrate, avec lequel Zénon, de près de trente ans le cadet de son maître, et doté d'un tempérament plutôt sanguin, se chamaillait continuellement. On n'a pas de peine à le croire : le caractère tempétueux de Zénon a fait couler beaucoup d'encre. Passé à la question pour avoir pris part à une conspiration contre le tyran Néarque, l'homme livra comme nom de complices les plus proches fidèles de ce dernier afin de l'isoler de ses courtisans. Puis, après avoir feint de vouloir lui confier un secret, il fit en sorte que le despote s'approche au plus près de lui pour lui mordre vigoureusement l'oreille ; d'autres récits rapportent qu'il lui arracha le nez. Une autre version veut qu'après avoir abreuvé Néarque de noms d'oiseaux, dont celui d'ennemi de la cité, il se mordît la langue d'un coup sec et bien maîtrisé dans le seul but de pouvoir la recracher à la figure du tyran, dont j'imagine la stupéfaction. Quoi qu'il en soit, on raconte que ce même tyran ne tarda pas à être lapidé par ses concitoyens, sans doute inspirés ne serait-ce qu'en partie par le geste si théâtral du disciple de Parménide. Difficile de démêler le vrai du faux dans toutes ces histoires ; ce qui est sûr, c'est qu'elles ont de quoi marquer les esprits, et que Zénon avait un bon coup de mâchoire. Mais surtout, l'homme ne s'économisait pas quand il fallait partir au combat ; aussi, pour son cher Parménide à la barbe et aux cheveux blancs, dont on dit qu'il était son amant (et, selon Apollodore, également son père adoptif), il n'hésita pas à affûter les armes de sa pensée, épargnant le nez et les oreilles des débatteurs qu'il affrontait dans l'Athènes en fête où il fit la connaissance de Socrate, ou dans sa cité d'Élée, située dans la Campanie actuelle et dans la Magna Grecia de l'époque : le raisonnement par l'absurde sauva la vie de ses interlocuteurs.

Pour ainsi dire, Zénon mouillait la chemise quand il épousait une cause. Et si, de prime abord, la fureur avec laquelle il s'en prenait au mouvement et à la multiplicité m'a paru étrange, ma semaine éléatique et la découverte que j'ai faite de l'infinie divisibilité du mobilier pendant un déménagement m'ont permis de comprendre pourquoi l'acharnement de Zénon n'avait rien d'une lubie d'extrémiste. Les nuances que peut contenir l'adverbe « presque » dans l'expression « presque fini » sont si nombreuses, si illimitées, surtout quand cette formule s'applique à un déménagement… – ou à n'importe quelle tâche, maintenant que j'y pense.

Concrètement, les paradoxes de Zénon laissent place au plus kafkaïen des supplices – celui de Sisyphe – lorsque je dois me coltiner d'innombrables trajets en tram entre l'ancienne maison et la nouvelle, aller retour, retour aller, avec une valise que je remplis et que je vide en continu tout au long de cette interminable semaine éléatique. Et livrée à moi-même au sein de cette école qui ne daigne même pas m'apporter le secours d'une liste de préceptes à suivre (le seul ayant résisté à la perte du grand poème de Parménide m'intime d'abandonner le monde des opinions pour ne me fier qu'à la vérité : facile à dire), je découvre la valeur purement existentielle des paradoxes de Zénon. C'est vrai, ce ne sont pas des règles de comportement : mais ce sont des règles de *pensée*, et je me retrouve ainsi à réfléchir sur ma vie, au lieu de m'efforcer de la plier en quatre pour la rendre conforme à quelque prescription bizarre.

Et cet exercice est ô combien plus difficile, plus amer. Je regrette la paix limpide qu'avait insufflée dans ma vie l'école pythagoricienne, cette obéissance aveugle à des règles parfois incompréhensibles mais toujours rassurantes.

À présent, je n'ai plus à disposition que ma pensée ; et je finis par méditer sur la façon dont est ancrée en moi l'opinion selon laquelle la vie serait cette flèche qui vibre dans l'air et le traverse à toute allure, tel Achille qui en deux sauts dépasse la tortue sans que cette dernière s'en aperçoive, l'abandonne loin derrière lui, l'oublie, tandis qu'elle reste sur le chemin, à traîner dans la poussière avec sa maison sur le dos, avec sa coquille gourde, avec son exténuante lenteur.

Je suis habituée, ou plutôt *nous* sommes habitués à nous percevoir comme des flèches lancées de très loin ; nous pensons devoir arriver droit sur notre objectif, vibrant dans l'air qui parvient à peine à nous soutenir pour nous ficher dans le cœur de la cible, tout tremblant de l'impact produit par notre pointe acérée, tout tremblant d'avoir visé juste – d'y être *arrivé*. Mais au bout de deux jours à me creuser la tête sur les paradoxes de Zénon et à constater que l'expérience sensible du déménagement ne parvient pas à les contredire, je suis prise d'un curieux désir, de la tentation irrésistible de tout renverser et de regarder de l'autre côté, comme si le monde pouvait marcher dans le sens inverse, comme pour essayer, jusqu'au bout, jusqu'au dernier instant de cette semaine, de décomposer mon expérience à travers le prisme de l'émerveillement.

Je me décide alors à raisonner d'une façon toute nouvelle pour moi : et si nous étions des flèches immobiles ? Si ce n'était que par accident, et non pour suivre une direction qui nous attirerait, non pour rejoindre un lieu vers lequel il conviendrait d'aller, non pour atteindre un but, un objectif, que nous nous retrouvions à viser un point quelconque ? Et s'il n'existait nulle cible, nul complément de lieu, nul centre où venir se ficher ; et s'il n'existait rien d'autre que l'immobilité suspendue des instants ?

C'est étrange : cette idée aussi banale, que j'aurais méprisée si elle m'avait été suggérée par quelqu'un, à une retraite de yoga par exemple, comme une invitation à ralentir et à m'interroger sur mon besoin permanent de courir partout, me fait à présent l'effet d'une révolution, arrivée certes trop tard, déjà presque échouée, mais une révolution quand même.

Pourquoi ? Peut-être parce que j'y suis arrivée seule, en suivant un chemin tortueux commencé entre les pages jaunies et odorantes du Diels-Kranz et prolongé par la découverte de l'appartement presque vide, son apparence abandonnée, sa soudaine inconsistance alors qu'il avait été construit pièce par pièce pour devenir la maison de nos jours futurs, quand tout aurait été facile. Mais maintenant que j'y réfléchis, c'est comme si, à force de ne penser qu'à ce qui devait encore être fait, à demain, à après-demain, à dans un an, notre vie commune, dans cette maison, n'avait jamais commencé.

Il manquait toujours quelque chose : chaque jour, il y avait une bibliothèque à monter, un tapis à acheter, une nouvelle habitude à prendre qui ne dépassait jamais le stade de la fiction. Nous rêvions de dîner aux chandelles, par exemple. Nous n'arrêtions pas de nous dire que c'était le genre de petit luxe que nous devions nous offrir. Sauf que nous avions toujours un détail à perfectionner, avant : nous pensions que la flèche, pointée vers une cible invisible, aurait visé juste, et qu'elle l'aurait fait rapidement.

Or je vois, à présent – fallait-il vraiment que je rencontre Parménide pour ça ? La vérité se tenait là, éclatante sous mes yeux depuis toujours, mais j'étais aveugle... oui, j'avais besoin de Parménide et des paradoxes que Zénon construisit par amour pour lui il y a deux mille quatre cents ans avec une intelligence implacable ! –, je vois, à présent, que la flèche était rigoureusement arrêtée, à chaque instant où nous croyions la voir traverser l'air à la vitesse de la lumière. Et pourtant la vie était immobile : elle reposait dans les instants où tout devait encore se passer, où nous nous répétions que nous allions faire ci et ça, et où nous ne le faisions pas. La vie était entièrement là, dans ces moments de fatigue et de suspension ; ce n'était pas une course effrénée vers une cible dans l'air vibrant. Une douceur inattendue s'empare de moi à cette pensée ; mais une seconde plus tard, je me surprends à me demander si elle n'est pas le résultat de mon désespoir. La différence, quand on y pense, n'est pas si évidente : il s'agit toujours d'un abandon.

Alors moi aussi je m'approche doucement de la capitulation. Je me rends à l'évidence qu'il est inutile d'être avare de son temps. Bien sûr, croire que la flèche finira par toucher sa cible, qu'Achille et ses pieds rapides finiront par dépasser la tortue à la lenteur exaspérante relève du bon sens. C'est la conclusion qui s'impose à nous quand on observe continuellement la réalité, quand on écoute ses sens, quand on se base sur le principe de l'induction, que je ne compte pas remettre en cause ici. Je sais, moi aussi, que le paradoxe de Zénon ne fonctionne pas, justement parce qu'il s'agit d'un paradoxe, et il le savait bien lui-même, sinon il n'y aurait pas eu de raisonnement par l'absurde ; je sais bien que les sens ont raison et qu'ils ne nous trompent pas ; en tout cas pas à ce point.

Mais ce paradoxe m'enseigne quelque chose, dans cette maison presque vide, pendant ces journées où j'ai l'impression d'avoir échoué et où je ressasse la cuisante façon dont mon temps a fait faillite, ainsi que les espoirs que j'ai vu grandir, la vie que je pensais avoir construite, petit à petit, pour que le futur puisse être lumineux et facile et resplendir de cette extraordinaire santé que tous les paresseux imaginent quand ils rêvent à leur inexistant avenir. Les paradoxes de Zénon m'enseignent qu'il n'est pas toujours juste d'objectiver le temps par une flèche, de le croire avançant toujours dans la même direction, droit vers un objectif. Et que nous nous privons de celui-ci, de l'infime perfection de chacun des instants qui le composent, quand nous le projetons vers l'avant, quand nous avons l'impression de le voir se dérober sous nos pas à toute vitesse ; quand nous pensons à ce vers quoi pointe la flèche et non à ce qui la soutient en attendant, à chacun des endroits où elle se trouve.

C'est peut-être vrai, après tout : la tortue ne perd pas forcément face au plus rapide des héros. Courir après les expériences susceptibles de me former, de me faire évoluer, collectionner les échecs pour en tirer un enseignement, accumuler des notes sur un carnet puis des lignes sur un CV, souffrir d'amour en me promettant que ce sera la dernière fois, additionner les succès et les désillusions, cocher une nouvelle case dans ma connaissance du monde, allonger d'une page ma biographie – en un mot, penser la vie comme un progrès continu et obligatoire, une réponse à l'injonction de grandir et de s'améliorer –, toutes ces représentations me font soudain l'effet d'une distorsion, le résultat d'une drôle d'illusion d'optique.

Parce que cette habitude de capitaliser le temps m'a rendue avare, insensible à la perfection des instants. Parce que j'ai considéré comme des échecs les moments d'immobilité, de silence, les moments inutiles ; ils m'ont semblé gâchés alors qu'ils étaient sans doute, en fait, les plus vrais. Peut-être que c'était dans les moments où la flèche restait à l'arrêt, suspendue dans l'air, sans se déplacer dans un sens ou dans un autre, que le temps se révélait à moi tel qu'il était vraiment : si seulement j'avais osé regarder, j'aurais compris que les instants le composaient comme les perles d'un collier. Mais je n'ai pas voulu les voir, je n'ai pas voulu saisir les instants les uns après les autres en riant, comme si je dégustais une poignée de cerises ; et pourtant j'aurais pu, j'aurais dû, au lieu de me focaliser sur l'objectif, au lieu de chercher à être aussi rapide qu'Achille.

On n'a qu'une vie, certes, c'est ce qu'on se répète quand on veut mettre des mots sur le vertige effrayant qui nous saisit à l'idée du temps limité dont on dispose, de ces heures trop nombreuses qu'on passe à dormir, des heures perdues, de ce temps qui semble s'évaporer dans le néant. Mais je ne suis plus sûre qu'il y ait un sens à vouloir exploiter chaque seconde de son existence. Car – je n'y prête attention que maintenant, et qui sait si cela m'aurait traversé l'esprit sans la subtile violence logique qu'a exercée Zénon d'Élée sur ma conception du temps jusqu'alors farouchement conformiste – l'opinion selon laquelle tout doit être utile, chaque expérience doit nous servir, nous faire grandir et mûrir tels des fruits de fin de printemps, cette opinion rend avare de temps.

Avez-vous déjà réfléchi à cela ? En ce qui me concerne, à cause de ma paresse (celle que j'ai tenté de guérir par le pythagorisme), et de mon choix discutable de travailler en indépendante, je me retrouve à alterner des phases d'indigence relative avec des périodes de relative aisance économique ; et dans l'oscillation frénétique entre ces deux conditions, j'ai compris une chose plutôt contre-intuitive, autant que les paradoxes de Zénon. Comme c'est curieux : il a fallu que je me mette à méditer sur les étranges mutations du temps pour que je parvienne à l'exprimer.

La question est très simple : quand (cela est arrivé souvent) je me suis retrouvée sans le sou, mon compte au bord du découvert, consciente de mon extrême précarité et en proie à de très légitimes questionnements sur mes choix professionnels, je me suis surprise, une fois assurées les plus essentielles nécessités, à éprouver un détachement inédit par rapport aux biens matériels, par rapport à l'exigence d'avoir plus, de mieux gagner ; un détachement qui se manifestait par une générosité mêlée d'insouciance. Était-ce de l'inconscience, du fatalisme ? En partie, oui. Mais c'était surtout une acceptation sereine et amusée de ma condition, un renoncement que je pensais ne jamais expérimenter. Et c'était aussi la découverte qu'un paquet de pâtes couvre cinq repas, par exemple, et que je n'avais après tout pas besoin de beaucoup plus, une fois les factures payées. Je ne dis pas que c'est une situation enviable, ni que cela n'est pas scandaleux de se retrouver sans un sou en poche, privé du loisir de penser au superflu et vivant dans la crainte que survienne une coûteuse catastrophe.

Il n'empêche que ces épisodes-là, à leur façon particulière, ont toujours été libérateurs pour moi. À l'inverse, pendant les périodes de plus grand confort économique – toutes proportions gardées –, une angoisse sourde s'invitait toujours : celle de dilapider mon argent, pour une fois que j'en avais. Suis-je la seule à connaître ce revirement ou puis-je en tirer une réflexion d'ordre général ? Ce que je sais, c'est que dès que je commençais à avoir un petit bout d'économie, chaque course me faisait souffrir. Je pouvais m'offrir du saumon fumé, tous les mets délicats que je voulais : qu'importait, je ne le faisais pas, ou si je le faisais, c'était le cœur intranquille, terrifiée à l'idée de consumer mon petit pécule. Et pourtant, me disais-je, l'argent n'est-il pas fait pour être dépensé ?

Le comportement contradictoire que je suis en train de décrire ne se limite pas au portefeuille. C'est drôle, c'est exactement la même chose qui m'arrive avec le temps. Quand j'en ai peu, quand chaque instant est précieux, je fais alors preuve d'une grande largesse, je jouis du temps ; seul le présent existe, et chaque seconde est une cerise. La peur d'en perdre, la tentation avare de le siroter en toutes petites gorgées, tout cela apparaît quand j'ai la sensation d'avoir du temps à perdre : je me retrouve soudain tenue de le faire fructifier. Et c'est à ce moment que je m'éreinte à dépasser les tortues, à vouloir planter chaque flèche dans le mille. Et les flèches qui finissent échouées par terre, ou hors de la cible, se transforment en reproches muets. Ces flèches sont responsables du sentiment de naufrage qui m'a assaillie quand j'ai commencé ce déménagement, à la fin de mon amour. Tout ce temps que j'ai l'impression d'avoir perdu en aimant *la mauvaise personne*, me le rendra-t-on ? Cette pensée me fait souffrir – ou en tout cas me faisait souffrir, avant que je rencontre Zénon. Car il faut être bien mesquin envers soi-même, envers la vie, envers le temps, pour se convaincre d'en avoir perdu simplement parce qu'on a essuyé une déception, parce que l'investissement n'a pas porté ses fruits. Quelle tristesse de s'obstiner à voir une histoire qui finit comme une banqueroute – quelle idiotie, de croire que le temps et l'amour et la vie doivent permettre de dégager des bénéfices !

Oui, j'espérais qu'il resterait auprès de moi pour toujours, mais y croyais-je vraiment ? Et si la réponse est oui, pourquoi suis-je donc obligée de remettre en cause la sensation que me procurait cette vision d'un « pour toujours » désormais caduc en déchiquetant tous ces instants pendant lesquels la flèche était suspendue sur l'un d'entre eux ? Pourquoi dois-je regarder derrière moi en me disant qu'ils ont été inutiles ?

Aucun de ces instants n'a été inutile, tout au contraire : mais j'étais incapable – jusqu'à aujourd'hui – d'apprécier le temps. Je n'ai pas pu m'empêcher de le voir comme une succession de convergences, une flèche gigantesque pointée vers un demain fantasmé, vers une illusion. Et pourtant chaque moment, comme chaque laborieux mouvement de la tortue, a existé : indépendamment, et pas dans la perspective d'un futur qui n'est finalement jamais arrivé et n'arrivera visiblement jamais. Chacun de ces moments a existé au même titre que le présent existe, le dernier sac rempli d'affaires, l'ascenseur pris pour la dernière fois, en rien différente des autres fois sinon par le fait qu'elle est probablement la dernière – mais ça, nous ne le verrons qu'à la lumière du futur qui n'est pas, encore. Il n'est pas dans le tintement que produit la grille métallique lorsque l'ascenseur s'arrête à l'étage, ni dans la façon dont les battants de la porte se referment brutalement, ni dans la descente rapide jusqu'au rez-de-chaussée, ni dans le principe de la gravité qui nous attire vers le bas, nous et notre inéluctable sentiment d'être. Et l'*Ankè* dont parle Parménide, est-elle la limite et le fondement du présent ? Cette immobilité éternelle de l'instant est-elle le signe de « la vérité droitement persuasive » ? Ou bien tout simplement se révèle-t-elle au moment où j'accepte de disparaître, et je disparais de l'immeuble, du foyer que j'ai habité ; et, en disparaissant, je m'arrache à cette culpabilité que je ressens pour avoir remis en cause le temps passé.

Je ne crois plus avoir commis une faute, j'arrête de me répéter que je suis responsable de mes illusions ; quand bien même je me serais leurrée, c'était parce qu'à ce moment, l'air soutenait la flèche dans une certaine inclination, car certaines conditions faisaient que je ne pouvais pas être suspendue différemment ; parce qu'il s'agissait d'un instant identique et pourtant différent du précédent, comme du suivant. Je dissous mes regrets dans une nouvelle idée du temps selon laquelle le passé n'est plus, comme je l'ai toujours cru, ce qui m'a fait arriver jusqu'à maintenant et a disparu, mais une nécessité devenue inévitable quand c'était le moment qu'elle le devienne, détachée d'aujourd'hui, détachée de demain, comme une perle sur un collier. Je n'ai pas devant moi l'interminable parabole d'une flèche ; et je sens, enfin, que j'ai le droit de me dissiper en une myriade d'instants que je n'ai plus peur de gâcher.

Je me défais de mon avarice de moments, de nouveauté, de vie – et de la prétention démesurée, bouffie d'orgueil, que j'avais de pouvoir tous les dominer, de les prendre en main. Et je commence à penser que le temps n'existe que pour que nous puissions le dilapider, qu'il n'existe que pour pouvoir passer.

Une semaine éléatique

Le premier soir dans mon nouveau logis, dans le silence des pièces encore vides, je sors un livre que j'avais gardé pour le moment où j'arriverais à l'ouvrir sans éclater en sanglots. Enfin, je m'offre la lecture des vers que Valéry a composés sur Zénon, dans un petit poème qui parle d'un cimetière suspendu au-dessus de la mer.

Zénon ! Cruel Zénon ! Zénon d'Élée !
M'as-tu percé de cette flèche ailée
Qui vibre, vole, et qui ne vole pas !
Le son m'enfante et la flèche me tue !
Ah ! le soleil... Quelle ombre de tortue
Pour l'âme, Achille immobile à grands pas !

Non, non !... Debout ! Dans l'ère successive !
Brisez, mon corps, cette forme pensive !
Buvez, mon sein, la naissance du vent !
Une fraîcheur, de la mer exhalée,
Me rend mon âme... Ô puissance salée !
Courons à l'onde en rejaillir vivant !

Je me répète le dernier vers, jusqu'à ce qu'il perde toute signification, jusqu'à ne plus pouvoir compter le nombre de fois où j'ai prononcé ces mots : *Courons à l'onde en rejaillir vivant !*

De toute façon, personne n'est là pour me répondre, et alors que je me perds dans l'obscurité d'un salon où nul ne sait rien de moi, j'ai l'impression de posséder à nouveau le temps, mon temps que je n'ai plus peur de gaspiller.

Troisième semaine

Une semaine sceptique

Jamais je n'aurais imaginé une chose pareille, mais il se trouve que mon guide dans cette semaine sceptique est tout droit sorti d'un virelangue.

Je ne parle pas de la chèvre qui *sur la brèche crèche et sous la brèche crève* – même si elle aussi, d'une certaine façon, pourrait apparaître comme une ancêtre du fameux chat de Schrödinger, et nous conduire vers l'exploration des paradoxes et la nécessité d'abandonner les critères du vrai et du faux pour nous résigner à l'inconnaissable. Mais ce n'est pas de cette pauvre chèvre qu'il est question. Ni du chasseur sachant chasser, ni des chaussettes de l'archiduchesse, ni de ces six cent cinq saints qui scieraient sans soucis si quelqu'un avait l'amabilité – pitié ! – de leur fournir une scie.

Je fais allusion à Appelle, dont la comptine, qui le veut fils d'Apollon, dit qu'il *fit une pelote de peau et de poule* pour appâter les poissons. Aussi fascinante (et vaguement dégoûtante) qu'elle puisse paraître, ce n'est néanmoins pas cette pelote qui nous intéresse.

Sextus Empiricus raconte une curieuse anecdote sur un certain Appelle, qui vécut vraiment, au IVe siècle avant Jésus-Christ, ignare du destin qui allait faire de lui le protagoniste d'un virelangue et le fruit des entrailles du divin Apollon. D'apollinien, l'homme n'avait en effet que son métier : il s'était voué à l'art de la peinture.

On dit que ce talentueux Appelle, peintre de renom (Alexandre le Grand s'en remettait à lui pour se faire tirer le portrait), après avoir achevé un tableau représentant un cheval, fut saisi de cette colère destructrice bien connue des artistes : la rage de constater que les mots sur la page, les profils sur un dessin, la silhouette d'une sculpture, la saveur d'un entremets, ou encore le ton de la voix dans un monologue, ne correspondent en rien à l'idée impeccable qu'on s'en faisait. Mais à en croire le récit de Sextus Empiricus, c'est justement cette réaction disproportionnée qui permit à Appelle de se tirer de son fiasco. En proie au désespoir, furieux de ne pas être parvenu à peindre l'écume à la bouche du cheval, il jeta contre sa création l'éponge dont il se servait pour nettoyer son pinceau. Par un hasard extraordinaire, l'éponge mouillée, en entrant en contact avec la peinture, fournit une représentation extrêmement réaliste de cette bave bouillonnant aux mors de l'animal qu'Appelle avait en tête – bien plus réaliste qu'il n'aurait osé le rêver.

Vous vous demandez quel est le rapport de cette histoire avec le scepticisme, pas vrai ? Eh bien Appelle, grâce au compte rendu de Sextus Empiricus, indique la voie, certes métaphorique, pour devenir sceptique.

Sextus Empiricus commente l'épisode en ces termes : « Les sceptiques, donc, espéraient aussi acquérir la tranquillité en tranchant face à l'irrégularité des choses qui apparaissent et qui sont pensées, et, étant incapables de faire cela, ils suspendirent leur assentiment. Mais quand ils eurent suspendu leur assentiment, la tranquillité s'ensuivit fortuitement, comme l'ombre suit un corps. »

Il est évident – même Sextus Empiricus le dit ! – que je ne peux pas prétendre parvenir tout de suite à cette attitude d'imperturbabilité qu'on nomme *ataraxie* (ἀταραξία), et qui caractérise le vrai sceptique. On n'accède pas à l'ataraxie en un claquement de doigts. Et il ne suffit pas non plus de suspendre son jugement, de compter sur un inflexible rapport de cause à effet (à la stricte causalité, les sceptiques préfèrent en effet une conséquencialité casuelle, comme celle à l'origine de l'écume du cheval). L'ataraxie est la récompense du sage, c'est l'affaire des professionnels du scepticisme, et je ne suis qu'une débutante.

Il me faut donc suivre l'exemple d'Appelle. Pas dans le sens où je dois donner libre cours à mon irascibilité, bien sûr ; je n'ai aucune intention de jeter l'éponge, ni de me laisser emporter par des tourbillons de colère. Mais l'histoire d'Appelle m'apprend que pour atteindre cette apaisante et bénéfique ataraxie, pour tenter d'être allègrement imperturbable, il est impératif d'arrêter de vouloir tout contrôler. Le moment est venu pour moi d'essayer de m'abandonner au hasard en suspendant tout jugement sur ce que je fais. Tel un peintre si peu préoccupé par le destin de son œuvre qu'il lui jette une éponge dessus.

Ce n'est pas rien de devenir sceptique. Nous parlons tout de même d'une école qui a tant révolutionné les façons de pensée qu'elle a fini par s'imposer dans le langage courant, ne serait-ce que pour désigner une attitude possible envers le monde. *Tu as l'air sceptique, je te sens sceptique, qu'est-ce qui te rend si sceptique ?* Combien de fois me suis-je entendu dire ça, chaque fois que, par exemple, face à quelque projet farfelu, je n'ai pas manifesté à mon interlocuteur l'enthousiasme qu'il attendait de moi ! En effet, un glissement sémantique s'est opéré : on entend à présent par « scepticisme » une certaine froideur dans l'adhésion à telle ou telle entreprise, et non plus le refus de croire qu'il est possible de véritablement connaître les choses. Ainsi, le terme a quitté les nobles territoires de la gnoséologie pour venir étoffer les mille nuances de l'observation des comportements sociaux. Mais ma brève conversion philosophique n'aura rien à voir (pas directement, du moins) avec les limites de mon tempérament ni avec mon déficit chronique d'engouement.

Tâchons donc avant toute chose de soustraire la parole philosophique au langage quotidien et de la ramener à ses origines. C'est-à-dire à la période où, entre le IVe et le IIIe siècles avant Jésus-Christ, Pyrrhon et son disciple Timon de Phlionte mirent au point cette nouvelle façon de regarder les choses : la *skepsis* (σκέψις), soit le « contrôle critique » sur les possibles objets du savoir, qui s'exerçait alors dans la négation du bien-fondé d'une signification *absolue* de la réalité. En somme, à la différence du scepticisme moderne, qui revint sur le devant de la scène à partir de la Renaissance puis subit des métamorphoses phénoménologiques variées, et qui considère comme vrai le contenu de la connaissance sensible et faux la pensée rationnelle, le scepticisme antique, bien qu'en réduisant toute connaissance possible aux faits de la conscience, ne concède jamais, même à ces faits-là, la pleine investiture de la vérité.

Par conséquent, chaque savoir est forcément subjectif. Aux yeux du sceptique, il n'y a rien qui puisse prétendre à être considéré comme vrai : chaque chose est incertaine, et le sage exerce son droit (et un devoir qui lui échoit) en doutant de tout et en suspendant (à travers l'*épochè* [ἐποχή], « suspension ») toute tentation de donner son assentiment à la vérité des choses. L'autre grand levier à disposition du sceptique est l'*aphasie* (ἀφασία), c'est-à-dire l'interruption de tout discours positif ; et, sur le plan pratique, l'*ataraxie* (que j'espère atteindre en suivant l'exemple d'Appelle) : autant de moyens d'accéder à un bonheur qui n'a rien à voir avec d'hédonistes pics de joie, ni avec la satisfaction de quelque instinct ou désir, mais caractérise plutôt une sereine impassibilité, un détachement impartial et équilibré vis-à-vis du monde. C'est dans cette forme de bonheur, calme et sévère, suspendue si haut au-dessus des choses, que le sage sceptique estime son enquête philosophique accomplie : parviendrai-je à aller aussi loin ?

Pour tout vous dire, plus j'étudie pour me préparer à cette semaine, plus je me rends compte de la difficulté de s'éduquer au doute ; j'avance sur un terrain accidenté. Et puis, quelle sceptique ai-je envie d'être ? Le scepticisme a une longue histoire : il a traversé plusieurs phases entre le IVe siècle avant Jésus-Christ et le IIe après Jésus-Christ : pyrrhonisme, scepticisme de l'Académie, néoscepticisme. Je comprends vite que je suis partie pour finir pyrrhonienne avec une touche de néoscepticisme, vu qu'un de mes guides est Sextus

Empiricus, parfait néopyrrhonien. Tant mieux, cela me préserve des paradoxes et des antinomies dans lesquels je risquerais de m'empêtrer si j'empruntais directement la voie du très dogmatique scepticisme académique, et que je soutenais à grand cri que rien ne peut se savoir : quand bien même cela serait vrai, je ne pourrais même pas le savoir, et pour cause ! Et il ne me resterait dès lors plus grand-chose à faire, je me retrouverais abandonnée sur une embarcation de fortune condamnée, selon toute probabilité, à un rapide naufrage.

Mais procédons dans l'ordre : on sait depuis longtemps que l'autonégation, en philosophie, présente le risque de faire voler en mille fragments contradictoires le sens des propositions et de déboucher sur une impasse. C'est en tout cas ce que démontre le fameux paradoxe du menteur, dont de nombreuses versions nous sont parvenues – notamment celles de Paul de Tarse, Aristote, ou encore Eubulide de Milet, philosophe mégarique auquel Diogène Laërce attribue la paternité du paradoxe, qui démontra qu'il est impossible de prouver la véridicité d'une affirmation apparemment simple comme « je suis en train de mentir ». De son côté, Lucien de Samosate, s'inspirant probablement d'une forme du paradoxe qui circulait déjà, s'en empare et le raconte comme une anecdote colorée et captivante (si seulement tous les sophismes et les syllogismes avaient connu ce destin : c'est si beau d'assister au moment où une argumentation philosophique prend vie et devient une histoire). Le même casse-tête qui dans les *Réfutations sophistiques* se résume à l'aride absurdité de deux exemples abstraits (est-il possible de jurer de rompre le jurement qu'on est en train de prononcer ? Est-il possible d'ordonner de désobéir à l'ordre qu'on est en train de donner ?) peut se transformer en véritable récit dramatisé, en intrigante saynète, capable de tenir en haleine ses lecteurs.

Grosso modo, l'histoire est la suivante : il était une fois un crocodile gigantesque, et un enfant qui jouait sur les rives du Nil sans soupçonner la présence du reptile. En moins de temps qu'il faut pour le dire, le bambin est dans la gueule du crocodile. Sa mère s'en aperçoit et implore la bête de lui rendre la chair de sa chair. Le crocodile, qui s'exprime fort bien pour un animal (peut-être l'aspect qui me ravit le plus dans cette histoire qui illustre un paradoxe logique en tirant parti du paradoxe de la fable) et a la tête bien faite, répond à la mère par cette proposition énigmatique : « Si tu devines ce que je ferai, je te rends l'enfant. »

La pauvre mère se retrouve dans un cul-de-sac, ou plutôt, elle s'y précipite toute seule. Terrassée par l'angoisse, elle murmure : « Je crois que tu vas le manger. » Et nous voilà en plein paradoxe. En effet, si elle a bien deviné – si l'action que s'apprête à faire le crocodile est bien celle de dévorer le chérubin –, le crocodile devrait lui restituer l'enfant. Mais cela voudrait dire que la mère n'a rien deviné du tout – cela voudrait dire que le crocodile ne mange pas l'enfant. En somme, cette mère est fichue : d'aucune manière elle ne pourra retrouver son fiston, si vraiment le crocodile entend tenir sa promesse.

Ce qui compte, pour moi qui me prépare à une semaine sceptique, c'est cette observation déjà faite par

Sextus Empiricus et Montaigne. Pour résumer, le scepticisme radical est toujours risqué : on risque de tomber dans la contradiction, en présentant comme vérité absolue une affirmation qui se réfute elle-même, du type : « Il n'existe aucune vérité. » Comment peut-on établir la vérité d'une affirmation qui nie que la vérité est possible ? Inutile d'être trop dogmatique, me dis-je, quand il s'agit de jouer les sceptiques : la cohérence absolue me conduirait dans une impasse. Et je suis sûre que Montaigne (mais aussi Sextus Empiricus, qui lui servit de maître à des siècles de distance) appuierait ma résolution. Le scepticisme académique, celui qui épousa les théories de Platon avec l'*épochè* et finit par nier obstinément la possibilité de connaître la moindre chose, est stérile, au fond. Il vaut mieux se faire pyrrhonien : suspendre le jugement, mais continuer à chercher, à vivre, à apprendre, sans se laisser paralyser par la défiance à l'égard de ses propres perceptions.

Sextus Empiricus disait : nous ne connaissons bien évidemment pas les choses en soi, nous ne connaissons que les *sensations* que cueille l'intellect. Quant à savoir si ces sensations, plutôt que révéler les objets, les voilent, c'est une autre paire de manches mais ça ne change rien à l'affaire : tout ce que je sais, ce sont les impressions que j'ai des choses – pas les choses mêmes. Il n'existe pas de connaissances non subjectives, si tout naît de l'acte d'élaborer des impressions ; ou, comme l'expliquait avec bien plus d'élégance Timon de Phlionte, qui décida de se faire sceptique après avoir fait la connaissance de Pyrrhon : « Je peux affirmer, non que le miel est doux, mais qu'il me semble tel. » Présenté en ces termes – avec une cohérence telle que même Hume, près de deux mille ans plus tard, n'aurait rien ou presque trouvé à objecter –, le raisonnement semble filer.

En outre, ce genre de sorties clouait le bec à des critiques impertinents comme le péripatéticien Aristoclès qui, pour tourner en dérision la philosophie des sceptiques, taquinait Timon en lui demandant comment il pouvait, lui qui « ne croyait en rien », affirmer avoir déjà rencontré Pyrrhon. Il apparaît pourtant bel et bien que Timon, en route vers le stade, fut tombé sur Pyrrhon : ils firent connaissance un jour de fête, alors qu'ils se rendaient tous les deux à Delphes, pour y assister aux jeux pythiques. Tant mieux pour nous : si Timon n'avait pas existé, nous en saurions bien peu sur Pyrrhon, lequel, fidèle à l'enseignement et à l'exemple de Socrate, ne laissa aucun écrit philosophique. Timon s'en chargea : de ce qu'on en dit, c'était une personnalité plutôt éclectique et particulièrement prolifique. Acteur, mime et choriste dans sa jeunesse, il acquit sa réputation en devenant sophiste, profession qui le fit vivre pendant un bon bout de temps, et lui permit même d'accumuler un joli pactole. Il fut aussi poète : selon Diogène Laërce, on ne lui doit pas moins de quatre-vingt-dix pièces, tragédies et comédies confondues, vingt volumes de prose, ainsi que quelques compositions licencieuses ; on lui attribue également un poème en distiques élégiaques intitulé *Les Images*, dont n'ont survécu que quelques fragments, parmi lesquels ce vers énigmatique – ou cette lapalissade, question de point de vue : « Le phénomène l'emporte sur tout, partout où il se rencontre. »

Par ailleurs, Timon aurait rédigé le traité *Sur les sensations* et un dialogue au sujet de sa rencontre avec Pyrrhon dans lequel il aurait reporté les réponses du maître à ses questions, sous une forme pionnière assez proche de notre interview. Mais son œuvre, si vaste, s'est effritée avec le temps, et nous en avons hérité par morceaux. Les vestiges les plus significatifs proviennent du recueil des Σίλλοι (*Les Silles*), « vers railleurs » : cent trente-trois sont parvenus jusqu'à nous, en cinquante-six fragments. Dans un style pastichant Homère, Timon s'en prend aux philosophes mégariques, aux stoïciens, aux épicuriens et même aux académiciens, attaquant leur dogmatisme et tournant en dérision leur habitude de se chicaner lors de disputes insensées et inutiles ayant pour unique but d'attirer à eux des jeunes pour leur extorquer leur argent. Les seuls à trouver grâce auprès de Timon sont naturellement les sceptiques – dans lesquels il fait également figurer Platon.

Bien qu'une grande partie de l'œuvre de Timon soit perdue à jamais, la genèse de la doctrine sceptique aurait été difficile à reconstituer sans la contribution de ce dernier. Grâce à sa dévotion à l'égard de son maître Pyrrhon, nous disposons de nombreuses informations biographiques sur le guide que je me suis choisi sans trop d'hésitation pour expérimenter cette nouvelle école. La vie de Pyrrhon fut bien plus aventureuse que ce que l'on pourrait imaginer ; d'abord, j'apprends qu'il commença sa carrière non pas comme philosophe, mais comme peintre. Je l'imagine peignant les murs du gymnase d'Élis, ignorant qu'un jour l'un de ses confrères, Appelle, serait montré comme exemple à suivre pour atteindre l'insaisissable ataraxie. Que pouvait-il connaître de l'ataraxie, Pyrrhon, lorsqu'il décorait des murs ? Il n'avait pas encore vécu ce qui fut pour lui une véritable initiation à la philosophie. Un jour, il commença, en compagnie de son ami Anaxarque – dont nous ne savons aujourd'hui presque rien –, à s'intéresser aux théories atomistes de Démocrite. Mais le vrai bouleversement, celui qui changea radicalement le cours de son existence et le poussa à fonder sa doctrine, eut lieu lorsqu'il prit part à l'une des campagnes militaires les plus célèbres de l'Antiquité.

Toujours flanqué d'Anaxarque, dont il devait être inséparable, Pyrrhon suivit Alexandre le Grand (pas n'importe lequel des *condottieri* !) à la conquête de l'Asie : on dit qu'il arriva jusqu'en Inde. Il découvrit l'imperturbabilité des fakirs, la discipline ancestrale qui rend possible l'indifférence à la douleur. Il fréquenta les mages de Perse et, en Inde, les gymnosophistes. Le scepticisme est marqué de manière très évidente par la sagesse orientale.

Cependant – à l'exception de l'engagement militaire, qui permit à sa pensée de se laisser influencer par la philosophie asiatique et que j'aurais du mal à reproduire –, il ne semble pas si difficile de mener une vie pyrrhonienne. L'existence de cet homme décidé à se débarrasser de toute anxiété me semble extraordinairement paisible, et je me répète en boucle les paroles de Timon, comme une comptine, presque une prière, les psalmodiant sans ardeur ni agitation excessive : il ne s'agirait pas, maintenant que j'ai décidé de m'en remettre à ce maître de tranquillité, de me laisser perturber par le désir de lui ressembler. À vrai dire, à force de prononcer ses mots, je commence à me demander si Timon n'exagérait pas un peu et si son enthousiasme débordant à l'égard de Pyrrhon n'était pas déplacé – au point même, me dis-je, de trahir le noble détachement prôné par le scepticisme. « Voici, ô Pyrrhon, ce que mon cœur se languit d'entendre : comment fais-tu donc, étant homme, pour mener si aisément ta vie dans la tranquillité, seul parmi les hommes, leur servant de guide à la façon d'un dieu ? » Mais qui suis-je pour juger ? Je constate avec une certaine satisfaction que je me suis déjà glissée dans mon nouveau rôle : je suis plus royaliste que le roi, comme on dit, ou plus sceptique que les sceptiques, plus tièdes que les ataraxiques.

Quoi qu'il en soit, ce qui m'attire le plus dans la figure de Pyrrhon est la sensation de paix qui en émane ; et les paroles de Timon révèlent combien ce dernier aussi fut séduit par ces attraits. Je me berce à l'idée de cette vie quotidienne exemplaire, faite de petits gestes, presque ennuyeuse. Je lis que le maître vivait avec sa sœur, sage-femme de métier. Qu'il ne méprisait pas les travaux domestiques, et cet aspect de sa biographie me semble irrésistible. Pyrrhon, vous comprenez ? Pyrrhon, « servant de guide à la façon d'un dieu », faisait le ménage chez lui et, parfois, comme n'importe quelle petite paysanne, se rendait au marché pour y vendre un cochon ou une poularde. Le sage n'a nul besoin d'exhiber tout ce qui le différencie de l'homme commun ; seule compte la liberté intérieure, me dis-je, tandis que j'essaye de réparer ma machine à laver en suivant un « tuto » sur YouTube.

La vie du sage sceptique est à la fois profonde et quotidienne, et cette double dimension la rend scandaleusement accessible. Le sceptique met sa sagesse au service, non pas de quelque ambition démesurée, mais de la normalité la plus plate, la plus rassurante. Voyez Pyrrhon, qui va au marché vendre des cochons de lait, Pyrrhon qui débarque en Inde à la suite d'un chef de guerre légendaire, Pyrrhon qui fut également artiste – comme Appelle et comme Timon de Phlionte. Je commence à me demander si l'école sceptique ne serait pas une école d'artistes, et cela semblerait en effet assez logique. Le scepticisme indique la distance à respecter vis-à-vis de la vie pour pouvoir la raconter, pour la voir tout entière et réussir ensuite à la montrer. Moi qui pensais qu'il était nécessaire de s'en approcher, qu'il était obligatoire de descendre au cœur des choses pour les comprendre vraiment, j'apprends les vertus de la perspective. C'est une surprise ; j'ai besoin de toute ma semaine sceptique pour intégrer ce que disait le plus pyrrhonien de l'ère moderne, Michel Eyquem, monsieur de Montaigne : « Chaque homme porte la forme entière de l'humaine condition. »

D'accord, mais pour s'en rendre compte, il faut apprendre à se regarder un peu de travers, s'éloigner de soi-même juste assez pour comprendre que nous ne sommes en rien aussi uniques que ce que nous croyions. Cette expérience ne sera rendue possible que dès lors que nous prendrons un peu de distance par rapport à ce que nous sentons, ce que nous ressentons ; par rapport à ce que nous voyons dans le miroir. Je n'acquiers pas cette conscience nouvelle dès le début de la semaine : quand je commence, tout semble logique et linéaire. Il paraît si facile, en effet, de se contenter de suivre l'exemple de Pyrrhon, Pyrrhon le peintre, qui décora les murs du stade d'Élis et vendit des cochons de lait sur le marché.

Tout cela est très facile à dire. Voyons maintenant la pratique : mettre en doute du jour au lendemain les témoignages des sens, pour une personne comme moi, pas ascète pour un sou, s'annonce difficile et laborieux ; et pourtant, après l'effort que j'ai fourni pour le faire pendant la semaine éléatique, cela semblerait maintenant venir tout seul. Je ne dois pas prétendre que le bain régénérant que je me prépare sans tenir compte du fonctionnement agressif du chauffe-eau de mon nouvel appartement est véritablement aussi chaud que celui que réservent aux langoustes les chefs cuisiniers du Maine. Cependant, m'enseigne Pyrrhon, rien ne m'empêche d'admettre que l'eau *m'apparaît* en effet trop chaude (ni de bondir hors de la baignoire en secouant mains et pieds telle une forcenée). Est-ce que cette eau est *vraiment* aussi chaude, c'est une autre question, sur laquelle je dois accepter de garder un doute. Mais au moins ne suis-je pas condamnée au sort de la langouste, comme cela aurait peut-être été le cas la semaine passée, quand j'étais encore une aspirante parménidienne tenue de se méfier de ses propres sens. Voilà : m'improviser sceptique *semble* facile mais le semble seulement, ou le semble comme le miel semble doux ou l'eau semble trop chaude.

Songeant au meilleur moyen de mener à bien mon entreprise et de m'éduquer au doute, je suis traversée par une idée que je serais tentée de qualifier de géniale : je décide de ne plus porter mes lunettes, ni mes lentilles de contact, pour toute la durée de l'expérience. Je souffre d'une légère myopie associée à un astigmatisme : rien de grave, mais le fait est que sans correction, je vois flou. Et mon scepticisme commence pour de bon lorsque je me mets dans les conditions de ne plus pouvoir être sûre de ce que j'ai sous les yeux ; quand je peux prendre les vessies pour des lanternes parce que devant moi, surtout quand je sors à la nuit tombée, les lumières dansent entourées d'un halo phosphorescent, dans une clarté suspendue dont je ne distingue pas les contours. Une lueur diffuse se glisse d'un coup, comme un voile, entre mes yeux et le monde, et c'est cette hésitation permanente qui fait de moi une vraie sceptique. Je crois apercevoir un ami dans la rue, un corbeau qui plane au-dessus de mon balcon ; c'est un merle mâle, la robe noire, le bec orange, de petite stature, qui ne croasse même pas. Je crois lire l'enseigne d'une pâtisserie – non, c'était une parfumerie. Je me familiarise de la sorte avec mon nouveau quartier, et il me faut de la patience, une patience infinie. Je marche lentement, je m'arrête pour déchiffrer les lettres gravées sur les plaques des rues ; je lis tout deux fois, j'arrache des mots au marbre et au brouillard. Et quand les rues sont baptisées du nom de personnes qui d'une façon ou d'une autre ont mérité ce morceau d'avenue, de jardin ou de placette, un petit texte orne la plaque pour retracer les grandes lignes de leurs biographies. Je soupire et m'attelle consciencieusement à la lecture, et celui qui m'était apparu comme un *conducteur* – bizarre, avec ce nom antique – se révèle en fait un *condottiere*. Un mécanicien ? Non, un musicien. Pas un pâtre, un peintre. Un peintre comme

Pyrrhon, qui rirait peut-être s'il me voyait, ânonnant minutieusement, remettant rigoureusement en doute tout ce que mes yeux embrassent d'instinct ; non, en fait, à bien y réfléchir, il ne rirait pas du tout. Un sceptique ne rit pas s'il rencontre quelqu'un qui s'efforce de s'acheminer vers la sagesse, qui se dépouille sur la route des certitudes dans lesquelles l'habitude l'a figé. Je ne cesse de m'émerveiller de ma trouvaille : me brouiller la vue, le sens auquel j'ai le plus souvent recours, celui qui m'aide à trouver ma place dans le monde, quel coup de génie ! Mais à peine ai-je eu le temps de me formuler cette pensée que je sens poindre une gêne.

Car un sage sceptique ne s'encenserait jamais de la sorte. Il ne s'encenserait jamais tout court, d'ailleurs, ni n'aurait besoin de compenser ce pic d'orgueil injustifié par cette honte visqueuse que je sens fondre sur mon cœur. Je ne dois pas me démonter ; et cela semble facile, tant que les sentiments que je parviens à éloigner sont des émotions insignifiantes, qui ne semblent me concerner que de loin, qui s'en tiennent à la périphérie de l'étrange réseau de sensations, joies et douleurs que, d'aussi loin qu'il m'en souvienne, j'appelle *moi*.

Mais les difficultés ne sont jamais loin, comme la petite vieille et son toutou qui déboulent du coin de la rue et que, perdue dans le brouillard de ma myopie, j'aperçois trop tard. Je me prends les pieds dans la laisse, le chien m'aboie dessus, la dame se confond en excuses, et je suis prise d'une envie de rire et de pleurer à la fois. Il faut dire que cet état d'égarement permanent n'est pas facile à vivre, et c'est pourtant ainsi que je traverse ma semaine sceptique : complètement désorientée, avec l'impression d'avoir perdu mes points cardinaux. J'habite un quartier que je ne connais pas, un appartement nouveau ; le déménagement a bouleversé mes habitudes tel un traumatisme, encore frais. Chaque matin, je me réveille avec une stupeur renouvelée dans un lit que j'ai monté toute seule – plus seule que jamais – en suivant tant bien que mal les instructions. Je n'ai réalisé qu'après coup avoir inversé le sens du panneau de la tête de lit : je pensais avoir scrupuleusement respecté les recommandations, mais je me trompais. Et à présent, quand j'ouvre les yeux dans ce lit monté à l'envers, je ne sais même plus où je me trouve ; ce vertige quotidien, cette angoisse désorientée m'étreint. Ça ne dure qu'un instant, mais cet instant est éprouvant. Puis je me rappelle qu'il *me semble* éprouvant, seulement, et alors me voilà prête à affronter la journée, à me lever, à me cogner la tête contre le linteau trop bas de la porte.

Aussi, quand je trébuche dans la laisse de la petite vieille, je me garde bien de rire ou de pleurer – que penserait Pyrrhon de moi, si je m'abandonnais aux premières émotions que je *crois* éprouver, si je n'essayais même pas de m'imposer l'ataraxie, de tenir le trouble à distance ?

Je ne pleure pas, soit, mais j'ai un autre problème. J'ai réussi, en exploitant un défaut de ma perception – la légère myopie et l'astigmatisme que j'avais jusqu'alors toujours corrigés –, à mettre en doute les données de mes sens ; il m'est devenu presque automatique de penser qu'il me *semble* voir un teckel accroché à la laisse d'une vieille dame, mais qu'il pourrait tout aussi bien s'agir d'un cochon d'Inde. Le tram qui arrive me *semble* le 3, mais c'est peut-être le 9, et je ne l'ai encore jamais pris depuis cet arrêt, puisque je viens d'arriver ici. Est-ce que c'est la bonne direction ? Je le demande à deux jeunes plantés sous le panneau d'affichage. Ils me regardent comme une folle – ils ignorent que je suis une sceptique. Non : c'est la mauvaise direction. Je suis bonne pour traverser la rue. Un scooter déboule : je ne l'avais pas vu arriver, il ne m'était pas *semblé* qu'il arrivait. J'approche saine et sauve du trottoir opposé, j'ai l'impression que mon tram s'approche ; j'ai l'impression d'être en sécurité.

Entendons-nous bien : « en sécurité » comme peut l'être une personne qui, après avoir renoncé aux bienfaits de la vue pour mener une expérimentation existentielle (que cette personne n'applique au pied de la lettre que parce qu'elle traverse un moment difficile), s'apprête à revoir l'homme qui l'a abandonnée, qui l'a contrainte à révolutionner sa vie parce que, comme ça, du jour au lendemain, il n'était plus sûr d'être amoureux.

Eh oui, monsieur n'était plus sûr de lui : et maintenant c'est moi qui ne peux plus être sûre de rien. Il me téléphone le soir de mon sixième jour de sceptique ; je viens de rentrer chez moi, malgré la clé qui ne voulait pas entrer dans la serrure, ou plutôt : qui *semblait* ne pas vouloir entrer dans la serrure – et pour cause, c'était la clé du portail de la cour, et pas celle de l'appartement, comme je le croyais. À aucun moment je n'ai perdu mon sang-froid. J'ai patiemment essayé les quatre clés du trousseau, au lieu de m'acharner sur la première. Si j'avais porté mes lunettes, si j'y avais vu clair et que j'avais directement choisi la bonne clé, j'aurais gagné du temps, j'aurais visé juste du premier coup. Mais la pensée me frappe que, si j'avais tout de suite glissé dans la serrure la bonne clé et que celle-ci avait eu du mal à tourner, j'aurais paniqué et commencé à malmener la porte en songeant à la facture astronomique que m'aurait présentée le serrurier si j'avais dû en faire venir un d'urgence. Je me serais énervée, puis inquiétée, puis, peut-être, j'aurais ressenti le délicieux soulagement d'avoir évité la tuile. Avec ma nouvelle façon de procéder, aucun soulagement, mais pas non plus une once de stress : j'ai conservé un calme olympien.

Cela peut paraître paradoxal, mais le fait de savoir que je me trompais peut-être depuis le début m'a permis de rester sereine tout du long, tandis que j'essayais une à une les clés du trousseau. La voilà, la première leçon importante que j'ai tirée de ma semaine sceptique, sans m'en rendre compte ou presque : si tu envisages dès le début la possibilité de te tromper, si tu ne mets pas un point d'honneur à avoir raison à tout prix, tu t'épargneras bien des souffrances quand tu te tromperas pour de bon. Qui ne sait pas où il va ne risque pas de se perdre, n'est-ce pas ? Et j'ai compris tout cela grâce à une simple astuce, en laissant mes lunettes de côté. Je suis consciente des difficultés que soulève cette pratique au quotidien, de tous les obstacles qu'elle met sur notre chemin : et pourtant, je ne peux pas non plus ignorer que je finis toujours par trouver la bonne clé, à force d'essayer. Je dirais même plus : maintenant (au prix d'une très grande concentration), je pourrais la reconnaître dans le noir, rien qu'en palpant son profil. Je sais bien que cette nouvelle compétence ne me sera pas d'une utilité énorme (à moins que, mettons, l'ampoule grille pile au moment où je me trouverai sur le palier) : elle sert cependant à me rappeler qu'en s'imposant des limites, on s'invente aussi des chemins pour les contourner.

Le soir de mon sixième jour sceptique, donc, il se passe quelque chose d'inattendu : je reçois un coup de fil de lui. La sonnerie retentit alors que je n'ai toujours pas glissé la bonne clé dans la serrure : j'ai laissé mon portable à la maison, je *croyais* l'avoir sur moi, mais je le croyais seulement. La bonne clé est la dernière du trousseau, comme toujours : celle que j'essaie après avoir écarté toutes les autres. Le téléphone sonne à nouveau – chose qui, si je n'étais pas sceptique, me donnerait avant même que je réponde la certitude qu'il s'agit de lui. Quand nous étions en couple, il m'appelait toujours deux fois de suite, pour être sûr que je finisse par décrocher. Il se souvient au moins de ça, me dis-je en éprouvant un coup au cœur. Je me corrige aussitôt : il *pourrait* s'en souvenir encore, en admettant que ce soit vraiment lui. Et sa voix à l'autre bout du fil est tout de suite un peu plus lointaine, plus voilée, et c'en est fini des coups au cœur. Sa voix à l'autre bout du fil m'annonce qu'il doit me rendre deux livres qu'il a emportés par erreur lors de son déménagement. Je n'ai aucune envie de l'entendre, je n'ai que faire de ces livres, du moins crois-je n'en avoir que faire ; mais je n'ai pas l'intention de faire de scènes pendant ma semaine sceptique, ni de lui infliger d'inutiles bouderies. J'essaie alors d'imaginer Pyrrhon les jours où il devait faire le ménage chez lui parce que sa sœur sage-femme était appelée au chevet d'une parturiente : qui sait s'il n'aurait pas préféré faire autre chose, lui qui était peintre, philosophe et voyageur, et surtout maître de scepticisme. Je n'ai aucune envie de récupérer quoi que ce soit, et pourtant, ça ne fait pas un pli : je dois céder. Pyrrhon le ferait.

Nous nous donnons rendez-vous dans un bar aussi éloigné de chez moi que de chez lui, me semble-t-il, dans la mesure où aucun de nous deux ne sait précisément où l'autre habite, à présent. J'ai l'impression qu'il a l'air plus jeune, plus reposé, plus gai que dans mes souvenirs. Mais c'est sans doute parce que je ne porte pas mes lunettes. Même lui, que j'ai toujours trouvé ténébreux, à la limite du sinistre, avec ces cheveux couleur charbon et cette barbe savamment entretenue année après année, m'apparaît irradiant de lumière – un petit cadeau que mon astigmatisme offre à tous les êtres qui croisent mon regard. Quelque part au fond de moi, je perçois l'écho d'une jubilation : comme si la laborieuse éducation au doute de cette semaine avait rendu soudainement impraticables les voies empruntées par le soupçon et la jalousie, ces circuits de pensée tortueux et alambiqués dans lesquels je me précipitais à la moindre alerte, à l'instar de tous les amoureux dépourvus de confiance en eux qui vivent dans l'angoisse permanente que, d'un jour à l'autre, on leur retire la source de leur bonheur. En d'autres temps, ce nouvel éclat dont il rayonne m'aurait mise sur le qui-vive. Je me serais trituré le cerveau pour confectionner un plan à même de le contraindre d'avouer la raison de cette splendeur inhabituelle. Et puis, guidée par la crainte d'une hypothèse précise bien qu'impalpable, j'aurais commencé à substituer cette dernière à la vérité. Avec la minutie d'une couturière, j'aurais façonné une version des faits qui aurait parfaitement collé à la silhouette de ma peur : et je me serais tant et si bien obstinée à la faire coïncider avec la réalité qu'elle aurait fini par devenir réelle. Telle la mère du bambin volé par le crocodile, qui ne peut pas exprimer sa crainte à voix haute, ma peur aurait été assez forte pour se réaliser en un battement de cils. N'est-ce pas d'ailleurs le fonctionnement même de la pensée magique ? Sauf que maintenant que je suis devenue sceptique, il reste bien peu de magie dans mon raisonnement.

Autrefois, en le voyant si détendu, j'aurais réagi de la même façon que Caton, quand le sceptique Carnéade, accompagné du péripatéticien Critolaos et du stoïcien Diogène de Babylone, arriva à Rome en l'an 156 avant Jésus-Christ, mandaté en mission diplomatique par Athènes, et qu'il commença à donner des cours aux jeunes Romains. À l'époque, les jeunes raffolaient de la culture grecque. S'apercevant de la popularité grandissante dont bénéficiaient ces leçons, Caton l'Ancien, qui, comme son nom l'indique, n'était pas connu pour ses positions progressistes et prenait peut-être trop à cœur son rôle de gardien des bonnes vieilles valeurs romaines, réagit en vrai censeur. Il se soumettait lui-même à une discipline de vie inflexible et attendait des autres qu'ils suivissent son exemple ; il avait réussi à faire expulser du Sénat un certain Manilius, candidat au consulat, pour la seule raison qu'il avait embrassé sa propre épouse en public et en plein jour. C'est Plutarque qui relate l'anecdote, concluant son récit par un détail impayable : « Ma femme, dit alors Caton, ne m'a jamais embrassé que lorsqu'il faisait un grand tonnerre. »

Après que Carnéade fut arrivé à Rome, donc, Caton remarqua vite l'ascendant que le Grec exerçait sur la jeunesse romaine. Il ne décolérait pas ; au Sénat, il dénonça avec une fureur peu commune les risques que Carnéade faisait courir à ces chères têtes blondes en les exposant à une culture qui aurait pu les corrompre. Allez savoir pourquoi Caton détestait tant la culture grecque. Toujours est-il qu'il obtint gain de cause et que les trois philosophes diplomates furent renvoyés d'où ils venaient. En vain, évidemment. La mode de la philosophie, n'en déplaise à Caton, prit tout de suite très bien (et heureusement pour nous...). Morale de l'histoire : comme la mère du petit garçon égyptien, Caton l'Ancien fut victime de sa peur qu'il transforma en prophétie autoréalisatrice.

Et moi ? Moi, si je devais me fier à ce que je vois et à ce que je ressens – si je n'étais pas tenue pendant cette semaine à considérer les émotions comme des fantasmes vains sans relation aucune avec la réalité –, je me dirais qu'il y a forcément une raison à cette luminosité que je perçois et qui m'irrite, à ce regard rieur, et j'aurais tôt fait de me précipiter vers la seule conclusion convaincante à mes yeux : une autre a déjà pris ma place. Et comme la jalousie, parmi tous les sentiments, est celui qui me fait sortir de mes gonds, je me ferais dragon et, telle Caton face au pauvre Manilius, sifflerais que moi, au moins, j'avais eu le bon goût de me montrer pâle, abattue et souffrante.

Au lieu de quoi je mets tout sur le compte de l'astigmatisme : peut-être n'est-il pas si resplendissant, peut-être est-ce ma vue qui me le fait apparaître ainsi. Sur ce, j'avale une gorgée de thé vert. Je manque de pousser un cri : il est brûlant. J'ai bu trop vite, mais c'était le seul moyen de m'empêcher de penser.

La voix rauque mais l'expression contenue, je précise que ma boisson me *semble* trop chaude. Il me sourit en me jetant un regard un peu ahuri. Désormais, le scepticisme influe, et pas qu'un peu, sur mes rapports avec autrui. Même les conversations d'ascenseur, avec de parfaits inconnus, sont devenues sibyllines, remplies de suppositions et de précautions. Subitement, j'ai mesuré combien il était péremptoire de dire « il fait chaud » ou « il fait froid ». La vie sociale, pour un sceptique, est indubitablement plus complexe et nuancée que pour les autres. À mon avis, en cultivant durablement cette philosophie, on finit par se retirer de la communauté humaine ou, en tout cas, par développer une hostilité, voire une aversion, à l'égard des bavardages. À quoi bon, en effet, se forcer à écouter des opinions énoncées comme des vérités et récolter une stupeur générale et des yeux écarquillés chaque fois qu'on prend la parole avec la circonspection nécessaire ? Ça doit être fatigant, à force.

Il continue à sourire, l'air ailleurs, comme s'il était en train de suivre le fil de ses pensées. Je ne lui pose aucune question – aphasie : la seule attitude possible face à une réalité qui nous échappe. Je ne lui demande rien et j'attends qu'il me donne ces fameux livres pour lesquels il m'a convoquée ici.

D'un sac en toile suspendu au dossier de sa chaise, il tire deux de mes romans favoris, *Les Hauts de Hurlevent* et *Anna Karénine*. Je ne peux m'empêcher de me demander si je les aimerais toujours autant en les relisant aujourd'hui, à la lumière de ma nouvelle école. Pourrais-je les prendre au sérieux ? Serais-je capable de m'identifier à Catherine et Heathcliff, dans l'état où je suis ? Parviendrais-je à ne pas me méfier de personnages qui, ravagés par une passion plus grande qu'eux, en oublient même de manger leur porridge – l'alimentation de base de tous les personnages de Brontë – ou se jettent sous un train au premier amour déçu ? Il serait intéressant de faire le test, me dis-je : mais la prudence prévaut. Et puis, qui me dit qu'une semaine suffit pour acquérir une immunité suffisante vis-à-vis des passions humaines et me permettre de voguer impunément sur les flots tempétueux de la littérature du XIXe siècle ? Je risquerais de ruiner toute mon expérience ou, pire encore, de ruiner mon rapport à ces livres, que j'adore. Mieux vaut tenter le coup avec des œuvres plus contemporaines, plus elliptiques.

Je me demande comment il est possible qu'il ait emporté « par erreur » mes deux romans ; mais je ne pose pas la question. À vrai dire, un raisonnement a commencé à germer en moi mais sur le coup, je ne me permets pas de le formuler en entier. Peut-être traverse-t-il lui aussi une période de bouleversement, comme tous ces personnages à l'âme en peine, torturés par une passion trop forte ?

Je tripote la couverture des deux livres perdus et retrouvés sans que j'en aie remarqué l'absence. Collé à la reliure d'*Anna Karénine*, je trouve un cheveu, long et plus clair que les miens, comme si le livre avait été posé, ouvert, sur une surface – *un oreiller* ? –, dans une promiscuité curieuse avec la propriétaire de ce cheveu. Je dois sortir tout de suite de cette idiote spirale de pensées. Un cheveu… La belle affaire ! Il n'empêche que mon amie L. les porte de cette longueur. Je l'ai croisée il y a quelques semaines, elle venait de se faire faire un balayage.

Vite, vite, quitter cette toile d'araignée d'idées absurdes. Il continue à me regarder, l'air perplexe. Il a posé son téléphone sur la table. Il se retourne pour demander quelque chose au serveur, me semble-t-il, et le plateau commence à vibrer. Sur l'écran de son portable, en un éclair, un nom apparaît, accompagné d'une photo. La vision est floue, comme d'habitude, brouillée par un halo lumineux. Laura fait une sorte de moue avec ses lèvres s'approchant vaguement d'un sourire, une pose de midinette qui lui donne l'air stupide, aurais-je pensé à une autre époque. Une pensée fulgurante me traverse l'esprit, péremptoire – je la chasse, je la chasse aussitôt ! Seul un amoureux peut trouver attirante une telle expression.

Il me faut éloigner cette idée comme on éloigne une mouche intempestive ; je tends la main vers la théière pour remplir ma tasse, une excellente diversion.

Tout se déroule en une fraction de seconde – du moins c'est mon impression. Je touche par erreur le bec de la théière, brûlant – qui me *semble* brûlant, pardon, mais la sensation est si vive que je réagis en contractant la main d'un coup –, et sans le vouloir j'assène un coup de poing au récipient qui s'incline… Patatras ! Une vague d'eau bouillante s'abat sur le téléphone, l'écran s'obscurcit, de petites bulles se forment tout autour, comme autour de la bouche du cheval d'Appelle ! Incroyable.

J'ai presque envie de rire, mais je m'en garde bien. Je garde le silence – aphasie. Je ne m'excuse même pas ; au moins, je suis sortie de la spirale des sombres pensées. C'est ce qu'il me semble, en tout cas.

Quatrième semaine

Une semaine stoïcienne

« Ανέχου καί απέχου » (*anekhou kai apekhou*). *Supporte et abstiens-toi*, écris-je en petites lettres évanescentes le long d'une étagère de la bibliothèque ; la mine est aiguisée et je me sens vaguement coupable – je le fais donc timidement, au crayon à papier plutôt qu'au stylo, trop péremptoire : et pourtant j'ai conscience que, lorsqu'on est prêt à inscrire des paroles en grec sur les meubles d'un appartement en location, autant y aller à fond. Ou bien renoncer, dès le début.

Las ! Je ne possède pas – bien que je sorte d'une semaine d'expérimentation pyrrhonienne – l'insouciante extravagance du seigneur de Montaigne, qui gravait des maximes à tout va sur les épaisses poutres en bois de sa bibliothèque, bien plus précieuses que le sordide panneau de particules qui a servi à fabriquer ces étagères Ikea.

Ici, tout est provisoire, même les écrits. Celui-ci, par exemple, devra m'accompagner une semaine durant, et ensuite, qui sait… Une fois devenue épicurienne, je pourrai l'effacer, et si je ne le fais pas, ce ne sera que par paresse. Même si je commence à penser que ces expériences farfelues me changent plus que ce à quoi je m'attendais au départ. Serait-ce mon récent scepticisme, désormais absorbé par mon organisme comme du sucre (je m'empresse de rectifier : *ou du venin !*, pour équilibrer la comparaison et me ramener immédiatement à une sobre *épochè*, à l'abri des élans qui m'entraîneraient dans un sens ou dans un autre) ; serait-ce, disais-je, mon récent scepticisme qui m'empêche d'inscrire définitivement cette devise, d'une manière irrévocable ? *Supporte et abstiens-toi*, me répète Épictète dans son grec retranscrit au crayon à papier. S'il y a bien une activité à laquelle je me livre diligemment, en cette période, c'est celle de supporter et de m'abstenir ! Je supporte l'idée d'avoir subi une trahison qui m'est apparue, sur le moment, comme le plus grotesque des affronts. Je m'abstiens des projets de vendetta, des cruels scénarios de revanche ; je m'abstiens également de raconter la chose à quiconque, et je ne saurais déterminer si c'est par honte vis-à-vis de moi-même ou vis-à-vis d'eux, honte vis-à-vis de la médiocrité de ce triangle scalène.

Je m'obstine à garder le silence pendant de longues périodes, comme si j'avais voulu emporter avec moi la posture nécessaire à l'aphasie, même au-delà des limites de ma semaine sceptique ; en silence, je supporte, en silence, je m'abstiens et me retiens et contiens chaque émotion trop violente pour mon équilibre. Parce que le scepticisme m'a appris à considérer les émotions comme des chimères, certes, mais surtout parce que maintenant, forte de cet entraînement, je me sens prête à devenir stoïcienne – bien que pour sept jours seulement : mais la vie est courte, et peut-être suis-je trop indécise pour me lier pour toujours à une seule école.

Cette semaine, pour faciliter mon entreprise, j'ai à disposition un ouvrage que je pourrais comparer à un magnifique livret d'instructions ; cette fois, j'ai le droit à de vraies maximes qui décrivent une pratique précise de la philosophie, et non plus les obscures formules magiques des pythagoriciens.

Le stoïcisme est une philosophie éclectique et cosmopolite. Bien qu'elle ait conservé son nom, tiré du lieu où elle vit le jour, la Stoa Poikilè, un portique aux portes d'Athènes recouvert des fresques du peintre Polygnote (c'est là que Zénon, arrivé à Athènes depuis la cité phénicienne de Kition, sur l'actuelle île de Chypre, établit son école autour de l'an 300 avant Jésus-Christ), sa popularité fut énorme et transversale. Elle résista à la fin de l'époque hellénistique, elle sut opérer une mutation au cours des siècles et se laisser embrasser par de nombreux penseurs chrétiens intéressés par sa morale du devoir et du sacrifice et par la conception providentialiste imprégnant ses doctrines physiques. En effet, la physique stoïcienne représente le monde comme un immense être vivant pénétré de l'âme divine. La vie de ce monde est scandée par des cycles, qui s'accomplissent quand tous les astres reviennent à la position qu'ils occupaient au début : à ce moment-là, une conflagration cosmique ramène les éléments au chaos originel, dont l'univers peut renaître pour mener à terme un nouveau cycle. Chaque événement, dans le monde stoïcien, est fatal, et poursuit son destin sous la gouvernance d'une sorte de providence qui veille à ce que chaque chose atteigne la finalité pour laquelle elle est née.

Au-delà de cette physique finaliste, ainsi que je le découvre en rouvrant mes polycopiés de l'université et en reconstruisant de vieux souvenirs à moitié effacés, les stoïciens échafaudèrent tout un système logique. Leur logique fut novatrice, peut-être même trop pour la période où elle fut élaborée : à tel point qu'elle dut être redécouverte et réévaluée au cours du XXe siècle. En revanche, c'est à un stoïcien, Chrysippe, que l'on doit les premières analyses grammaticales telles que nous les pratiquons encore aujourd'hui.

Quoi qu'il en soit, le stoïcisme trouve son fondement dans l'injonction à « vivre en accord avec la nature », c'est-à-dire en respectant le principe divin en germe dans chaque chose : le λόγος (*logos*). Le sage stoïque, imperturbable (*apathique*[1], en d'autres termes) et juste, évite les passions comme la peste : il les considère comme de véritables maladies de l'âme et il juge chaque événement non pas à l'aune de ses critères personnels, non pas en se fiant à ses goûts ou à son idiosyncrasie, mais en les rapportant à la grande loi rationnelle de la nécessité du *logos*, qui régule tout. Pour l'éthique stoïcienne, qui méprise les mollesses hédonistes, la vertu est un devoir. Dans les cas de force majeure – j'en frémis –, le sage qui ne peut se comporter de manière vertueuse doit s'imposer un isolement absolu vis-à-vis des autres hommes, et si les choses tournent vraiment mal, se résoudre au suicide. Sans même arriver à ces extrémités, je sens

1. En grec, le mot « *apatia* » – « ἀπάθεια » –, construit sur la racine « πάθος » (« passion », « affection », « douleur ») précédée d'un ἀ privatif, décrit à merveille l'attitude du sage stoïcien.

qu'il ne sera pas chose aisée d'adapter ma personne à une philosophie aussi sévère. Une chose est sûre, c'est qu'on ne plaisante pas avec le stoïcisme.

Par chance, disais-je, j'ai un manuel pour me guider, un *manuel* au sens propre du terme : l'*Enchiridion*, qui, comme son nom l'indique (ἐγχειρίδιον, « qui se tient dans la main »), est un livret à conserver sur soi. Pendant toute la durée de mon stoïcisme, j'aurai à portée de main le *Manuel* d'Épictète, qui plaisait beaucoup à Marc Aurèle, l'empereur stoïcien, et qui fut traduit par Giacomo Lepoardi, lequel trouvait qu'il contenait « un grand nombre de pensées très justes » et « beaucoup de préceptes et d'avis extrêmement utiles », associés à « une agréable simplicité et familiarité d'expression ».

Oui, ce petit livre est précieux. Dès que je commence à le lire, je sens naître en moi une très forte sympathie à l'égard de son auteur. Leopardi dit vrai : les conseils d'Épictète sont tout à la fois profonds, tendres et affectueux. Des maximes émane comme une sereine intimité, la confiance dans la vie que pourrait nous communiquer un ami sage. Et je trouve émouvant d'imaginer ce philosophe préparant son petit vadémécum pour qu'il puisse accompagner dans les contingences de la vie quotidienne quiconque le tiendrait entre les mains, même au-delà des siècles. J'ai trouvé en ligne, en libre accès, la traduction de Leopardi, que j'essaie de me figurer absorbé par la traduction de ce texte consolateur, irrigué d'une sagesse jamais forcée dont l'évidence s'impose peu à peu et finit par triompher. Je me la suis fait imprimer et relier à la reprographie à côté de chez moi. Le résultat, un petit livret, tient presque dans ma main. Je le garde sur moi toute la semaine. Sur ma table de chevet, quand je m'endors, à côté de ma serviette de table, quand je prends mes repas. C'est une sorte de talisman, une présence silencieuse qui me rassure. Épictète incarne cet ami que je n'aurais pas vu depuis un moment mais dont je pourrais relire à l'envi les lettres et les messages. J'entame des conversations muettes avec lui, j'ai l'impression de l'avoir sous les yeux, vêtu d'une petite tunique à la coupe approximative et d'une paire de sandales aux semelles déformées, car le pauvre diable était boiteux. Les rares données biographiques dont on dispose n'en sont pas moins passionnantes. Diogène Laërce, intarissable quand il s'agit des bons mots et des facéties de Zénon de Kition, le fondateur du stoïcisme, reste très laconique au sujet d'Épitecte. C'est à peine s'il en fait mention. Même constat du côté de Simplicius. Heureusement pour nous, une encyclopédie byzantine du Xe siècle, la *Souda*, plus généreuse en informations, a permis de passer à la postérité (bien que de manière évasive) la trajectoire de cet homme d'exception, qui naquit esclave mais sut, grâce à son manuel, disséquer la liberté en une kyrielle de préceptes qui nous enseignent à vivre aujourd'hui encore, vingt siècles plus tard.

Il est dit qu'Épictète serait né en Asie mineure ; en Phrygie, pour être exact, dans la cité de Hiérapolis. Il portait son statut d'esclave jusque dans son nom – un simple surnom, selon certains. Les trois premières lettres qu'il partage avec Épicure ont créé une grande confusion : entre tous les portraits et la foule de bustes barbus marqués de l'abréviation « Epi », il est difficile de déterminer lesquels représentaient l'un ou l'autre des deux philosophes.

Épictète (Επίκτητος) signifie « acheté ». Eh oui, à cette époque, les esclaves s'acquéraient et se revendaient avec une certaine désinvolture. Tel fut le cas de notre homme, né d'une mère esclave, esclave peut-être également par son père, acheté par un maître répondant au nom malheureux d'« Épaphrodite ». Ancien esclave lui-même, ce dernier, une fois affranchi, avait fait carrière et gravi les échelons jusqu'à devenir le très riche et très influent secrétaire de Néron, l'empereur pyromane. La vie d'Épaphrodite mériterait qu'on s'y attarde tant elle regorge de rebondissements. Suétone raconte qu'en l'an 68 avant Jésus-Christ, l'ex-esclave accompagna Néron dans sa fuite et l'aida même à mettre fin à ses jours. Cette aventure signa néanmoins sa perte : lui qui avait eu pour esclave l'un des plus éminents philosophes de l'histoire, lui qui avait été le secrétaire d'un empereur aux ambitions aussi démesurées que sa cruauté, fut d'abord condamné à l'exil puis exécuté par un autre empereur qui ne faisait pas dans la dentelle, Domitien. Mais avant de subir ce revers de fortune, peut-être durant le règne de Titus ou bien celui de Vespasien, le picaresque Épaphrodite avait libéré Épictète – lequel fut victime à son tour de la tyrannie de Domitien, qui jugea bon de mettre au ban tous les philosophes. Épictète avait alors la trentaine. Il migra en Épire et s'établit dans la cité de Nicopolis, dont j'essaie de me représenter l'aspect au moment des faits en effectuant une recherche sur Google images. Je dois me contenter de peu : des thermes et un nymphée en ruine, des cyprès, la mer étincelante, encore des cyprès. La ville (dont il ne reste que quelques vieilles pierres, un musée archéologique et un centre habité, Prévéza, à quelques kilomètres) donnait sur le golfe.

Apparemment, notre bon affranchi arriva en Épire en boitant : sur son infirmité, les sources concordent. Et comme il était né à une époque où le boitement d'un esclave pouvait très bien s'expliquer par les mauvais traitements infligés par son maître, on soupçonne Épaphrodite d'être à l'origine du handicap d'Épictète. De nombreux commentateurs, comme Celse, défendent cette hypothèse, sans doute pour mieux faire ressortir l'héroïsme de cet être qui dut affronter une vie semée d'embûches mais qui connut, finalement, une fin plutôt sereine. Il est toutefois possible qu'il faille chercher du côté d'une simple maladie rhumatoïde la cause de cette disgrâce : elle n'en reste pas moins une disgrâce. D'ailleurs, je l'ai dit, être stoïcien ne s'apparente pas à une promenade de santé ; même au-delà de la philosophie, dans le langage courant, « stoïque » se dit de quelqu'un capable d'une endurance, d'une patience constante et imperturbable. Et ce n'est pas du jour au lendemain qu'on peut, comme Épictète, produire des maximes à la simplicité lumineuse, à même d'aider tout un chacun à rester raisonnable et solide face aux épreuves les plus dures en vertu du principe selon lequel « de toutes les choses du monde, certaines sont en notre pouvoir exclusif tandis que d'autres ne le sont pas », et à accepter qu'il est vain de s'entêter à vouloir changer celles relevant de la seconde catégorie.

Récapitulons : un esclave – rendu boiteux par des sévices ou par une maladie – dont le maître fut condamné à l'exil et mis à mort après avoir servi un empereur, que l'histoire retient comme un fou sanguinaire, se retrouve un jour libre et s'adonne à la philosophie, suivant en cela les traces du stoïcien Musonius Rufus, mais finit, pour cette raison, par se retrouver lui-même envoyé en exil ; il arrive dans une petite cité encore jeune, fondée seulement une cinquantaine d'années plus tôt par Auguste pour célébrer la victoire d'Actium et décrétée capitale de la région de l'Épire. À Nicopolis, enfin, la chance lui sourit. Là-bas, Épictecte ouvre son école – très fréquentée, si l'on en croit les témoignages de l'époque. Le futur empereur Hadrien parcourra toute la route jusqu'en Épire dans le seul but de consulter le sage. Dans ses *Pensées pour moi-même*, un autre empereur, Marc Aurèle, rendra abondamment hommage à l'ancien esclave et le fera figurer parmi ses guides spirituels (bien qu'il ne l'eût pas connu personnellement puisqu'à sa naissance, Épictète était sinon mort, en tout cas proche de la fin).

Je me dis que j'ai bien fait de me choisir un maître de cette stature – existe-t-il meilleur garant que Marc Aurèle ? La vie d'Épictète appartient à ces parcours philosophiques qui me fascinent totalement ; quand je rencontre ce genre de personnages, j'ai l'impression que mon ignorance et l'abysse des siècles qui nous séparent sont pulvérisés par l'affection grandissante que j'éprouve à leur égard, ainsi que par l'admiration, aussi bien intellectuelle que morale.

Pour une raison que je n'ai jusqu'alors pas cherché à m'expliquer, ce sont toujours les philosophes dont l'existence manifeste une tenace résistance à l'adversité qui déclenchent en moi cette sympathie – ou plutôt devrais-je dire cette dévotion. Je pense à ce pauvre Spinoza, exclu de sa communauté, frappé de l'infamant signe du *herem*, qui passa des années à l'écart du monde, dans une petite maison humide, communiquant par des voies détournées avec ses amis restés à Amsterdam et publiant ses écrits révolutionnaires sous le sceau de l'anonymat, dans la peur constante que son nom rejaillisse dans la bouche d'un délateur, et qui survécut en taillant des lentilles optiques : métier insolite et dangereux. À force d'inhaler des poussières de verre dans son réduit de La Haye, le malheureux Baruch finit par mourir phtisique, âgé d'à peine plus de 40 ans. Quelques jours avant de livrer son dernier souffle, il écrivait encore à ses amis, toujours inquiets pour lui malgré la distance qui les séparait, des lettres réconfortantes et presque gaies dans lesquelles il prétendait s'être rétabli et n'avoir aucune raison de se plaindre. Mais revenons à nos moutons – même si, en fin de compte, Spinoza n'était pas totalement étranger au stoïcisme, et que la digression n'en est peut-être pas une.

Je crois que ce qui me rend ces penseurs si attachants, ce sont leurs écrits, remplis d'une sagesse sereine et généreuse, offerts comme témoignage ou comme guide aux générations à venir – et donc à vous et moi. Dans le cas d'Épictète, il est presque miraculeux que des textes soient parvenus jusqu'à nous. En effet, à l'instar de Socrate (et de Pyrrhon), l'homme se souciait comme d'une guigne de la gloire et de la renommée littéraire, et n'écrivit rien de sa main. Et pourtant, nous disposons de son manuel, ainsi que d'un recueil d'*Entretiens* : grâce au Ciel – ou plutôt, grâce au charisme et à la sagesse qui se dégageaient de sa personne –, l'affranchi claudicant à la vie aventureuse avait un disciple très affectionné, Arrien. Et le brave Arrien, né à Nicomédie mais émigré à Nicopolis, où il fit la connaissance d'Épictète, décida de retranscrire tout ce que disait son maître pendant ses leçons.

Pour cette raison, je voue à Arrien une reconnaissance infinie – et je ne suis pas la seule : outre Marc Aurèle, l'*Enchiridion* fut un texte primordial pour Blaise Pascal, ce cher Montaigne et Giacomo Leopardi, qui le traduisit en 1825. Épictète parvint jusqu'en Chine grâce à Matteo Ricci, le jésuite missionnaire qui chercha à la fin du XVIe siècle un moyen de communiquer avec la culture locale et qui, convaincu que la morale stoïcienne était la plus compatible avec le confucianisme, utilisa le manuel de l'ex-esclave comme pont (ou comme cheval de Troie, en fonction du point de vue qu'on adopte) et en traduisit vers le chinois de nombreuses pages (en les orientant bien sûr dans un sens chrétien), dans ce qu'il appela les *Vingt-Cinq Paroles*.

En plus du précieux livret commandé à la reprographie, je me munis d'une lampe à huile. Oui, oui, vous avez bien lu. À vrai dire, je suis tombée dessus par hasard dimanche, à la veille de ma semaine stoïcienne, peu de temps après avoir griffonné sur les étagères de ma bibliothèque, au crayon à papier, la formule d'Épictète.

C'est une lampe mais elle a la forme d'une saucière, brunie par l'usage et par cette patine que déposent le temps et l'oubli sur les métaux non nobles. Je l'ai trouvée au beau milieu du foutoir orgiaque déployé par les brocanteurs improvisés et les passionnés d'objets décrépits chaque premier dimanche du mois, au pied de chez moi – de mon nouveau chez moi, je veux dire.

Elle m'a fait de l'œil alors qu'elle prenait le soleil sur un étal, entre une poupée manchote et une soupière en porcelaine ; je n'ai pas pu résister à son appel, même si je ne l'allumerai sans doute jamais. Pourquoi avoir acheté une vieille lampe, non seulement inutile mais laide de surcroît ? Pour me rappeler sans cesse Épictète, voilà pourquoi. Lucien de Samosate raconte, en effet, que le penseur était si connu à sa mort qu'un admirateur acheta une lampe à huile lui ayant appartenu 3 000 drachmes. De la même façon qu'aujourd'hui des robes de Marylin ou des clubs de golf de JFK s'arrachent aux enchères à des prix astronomiques, des fans d'un temps reculé – un temps qui apparaît soudain très proche du nôtre – s'offraient à prix d'or les effets personnels des célébrités.

La lampe que j'achète n'a sans doute rien à voir avec celle pour laquelle un richissime helléniste déboursa une somme propre à impressionner un observateur pourtant aussi averti que Lucien : celle-là devait être d'argile, or c'est en gardant sur mon bureau une lampe saucière en ferraille que je me rappellerai chaque matin, au moment de me mettre au travail, que je suis l'homologue moins fortunée du Crésus qui s'adjugea l'original. Je sais bien que des siècles et des kilomètres me séparent de ce collectionneur antique : à l'époque, le stoïcisme était considéré comme une philosophie adaptée aux rois sages et aux écrivains célèbres, et le souvenir de Zénon de Kition était encore frais. Mais si j'ai acheté cette lampe qui ressemble beaucoup à celle d'Aladin, c'est aussi parce que, peut-être inconsciemment, je voulais qu'elle me serve d'avertissement concernant une autre question : celle des désirs. Je dois bien garder en tête qu'il n'y aura pas de génie à appeler à l'envi pour qu'il exauce les moindres de mes lubies : au contraire, si mon génie s'appelle Épictète, si c'est lui que j'invoquerai à l'aide de cette vilaine lampe brunie, je le ferai justement dans le but précis d'apprendre à désirer avec discernement et modération, à ne pas me consumer en caprices ni à réclamer l'impossible.

À présent, pour me comporter en stoïcienne, il est important que j'essaie d'orienter mes pensées dans la bonne direction. Et c'est un effort urgent, car je ne pourrai plus, cette semaine, me servir de la précaution acquise avec le scepticisme pour résister à l'attrait vénéneux des souffrances amoureuses. La lampe de mon génie stoïcien saura-t-elle m'aider à censurer les fantasmes inutiles, à bâillonner la tentation de me perdre dans un tourbillon d'auto-apitoiement et de désirs destinés à alimenter ma frustration ?

Pour éviter de finir d'emblée dans le fossé, je m'en remets au manuel d'Épictète comme à une carte : je note sur un post-it que je colle à la lampe quelques principes fondamentaux, comme un vadémécum extrait de l'*Enchiridion*. L'important est de ne pas me laisser prendre par des désirs *dont je ne sais pas avec certitude qu'ils seront réalisés*. « Ne désire rien d'impossible », écris-je sur le petit papier jaune fluo, mais je sais que cela ne suffit pas, aussi j'ajoute une autre ligne : « ni même d'improbable ». Je souligne le dernier mot d'un trait de crayon. Mais ce n'est toujours pas suffisant. « Ne désire que ce qui t'arrivera », écris-je alors, et j'ai enfin l'impression d'avoir été claire, même si j'ai épuisé tout l'espace du post-it, et, me semble-t-il, toutes mes ressources.

Comment parviendrai-je à m'imposer de ne désirer que ce que je peux légitimement m'attendre à obtenir ? Je n'ai jamais appréhendé le désir de cette façon, comme une forme minime d'expectative dont la satisfaction est certaine, escomptée, prévisible. J'ai toujours pensé que les désirs naissaient de la soif d'inconnu, d'envies tordues ou extravagantes, d'élans d'un cœur qui a ses raisons que la raison ignore ; je les ai crus bâtis sur une matière inconsciente, et non sur les résultats d'un calcul de probabilité à même d'en décréter par avance le taux de réussite.

Mais j'ai confié en cette semaine stoïcienne mon sort et mes pensées à la devise d'Épictète. « Supporte et abstiens-toi, *sustine et abstine*, ανέχου καί απέχου... » Je chantonne la formule entre mes dents et la transforme peu à peu pour la faire rimer : *soutiens-toi et retiens-toi*. Il me faut maintenir la barre, laisser tomber les illusions : heureusement que je sors d'une semaine d'âpre entraînement sceptique. Malgré cela, se débarrasser de ses attentes n'est pas chose aisée. J'en fais à présent l'expérience. Il n'est pas facile d'opérer ce renversement, cette révolution des temps et des modes de bonheur. J'ai l'impression de devoir soudainement oublier que le subjonctif existe et d'être contrainte à transposer tous mes propos vers un indicatif éternel : présent, passé, mais aussi futur. Je me rends compte que je me suis habituée à employer mon temps présent comme une longue, parfois laborieuse, préparation à quelque chose que *j'espérais* obtenir dans un futur très proche, quelque chose de beau, vague et imprécis comme le sont toujours les projections de notre imagination. Je travaille beaucoup aujourd'hui pour être tranquille demain : mais suis-je sûre que je serai plus tranquille demain, que je pourrai me reposer ? Suis-je sûre que différer le plaisir n'est pas un moyen de me l'interdire ? Non, je n'en suis pas sûre du tout. Et pourtant, j'espère une récompense, j'espère que l'effort auquel je me contrains portera ses fruits ; et cette foi en une petite gratification dans un avenir encore impalpable me permet de supporter, dans l'immédiat, la fatigue et même sans doute quelques renoncements.

D'une certaine façon, jouer les stoïciens – se soutenir et se retenir – n'est pas difficile, si on le fait dans l'espoir d'une récompense prochaine. Mais si même l'espoir nous est interdit ? Si l'avenir aussi doit faire l'objet d'un minutieux examen, s'il nous faut nous méfier des attentes que nous plaçons dans le futur et renoncer à parer le désir de ce flou qui lui permet d'être élastique et de s'adapter aux caprices de l'humeur – qu'est-ce qui nous sauvera de l'ennui et de l'inconfort ? Je réalise soudain que la seule solution est de m'arrimer aux choses, rien qu'aux choses, plutôt qu'à mes attentes. C'est comme si le présent, le passé et le futur étaient tout à coup lestés d'un poids supérieur, et que tout se faisait plus concret, plus pragmatique. « Demain » doit être aussi concret qu'« aujourd'hui », ce que j'imagine aussi doit être concret. Je ne serai pas déçue, si je ne me berce pas d'illusions. Facile à dire… Afin de parvenir à dompter de but en blanc mes espoirs, je suis obligée, comme toujours, de m'inventer une parade pratique. Un petit truc qui me permette d'entraîner pas à pas mon corps et mon esprit : quelque chose qui me force à adopter la posture idoine. Comme le jardinier diligent employant fourche et tuteur pour permettre à l'arbrisseau de pousser droit, je dois m'imposer une contrainte pour que mes résolutions prennent la bonne direction.

Je me concentre sur une question : dans quelle discipline, dans quel contexte, travaille-t-on pour obtenir un résultat prévisible et concret ; dans quel domaine serait-il dangereux de s'aventurer guidés seulement par des espoirs vagues et irréalistes ? Je me rends compte que ce danger existe, dans une certaine mesure, pour tous les arts, du yoga à la musique ; mais en ce qui concerne les aboutissements, dès qu'on parle aspiration et créativité, la gamme des résultats possibles et imprévisibles est trop vaste, le hasard y occupe une place bien trop grande. Que faire, alors ? Eurêka : cuisiner ! Pas de manière inspirée ni artistique, non – heureusement, mon inaptitude aux fourneaux me sera d'une grande aide, m'épargnant les risques de l'ambition et de l'élan créatif. Je privilégierai des recettes simples, que j'affronterai avec des attentes précises et accessibles ; ce seront des règles faciles à respecter, je m'entraînerai à les appliquer sans me hasarder à en espérer des résultats révolutionnaires.

Grâce à cette trouvaille, je m'exerce à la méthode stoïcienne de la *diareisis* et de la *proairesis* : ce ne sera pas un système orthodoxe, mais s'il y a bien quelque chose que j'ai appris des Anciens, c'est combien il peut être difficile de penser comme eux, et fallacieux de *prétendre* penser comme eux. Être ainsi arrimés au temps, à chaque instant, être aussi entiers, aussi peu transcendants et, en même temps, aussi profondément présents au point de s'affranchir des limites étroites de sa personnalité : ça n'est pas facile, et ça l'est encore moins pour moi, pour nous – même si nous nous sentons libres de préjugés et de concepts préfabriqués –, conditionnés comme nous le sommes par des millénaires de croyances et de tabous si différents de ceux des Grecs, tel que je le découvre petit à petit dans les témoignages, les fragments et les anecdotes.

Aussi, telle un dompteur qui éduque un chien à l'aide de stimuli physiques pour l'habituer à une position plutôt qu'à une autre, donne la papatte, couché, assis, je dois tenter d'éduquer mes pensées et, pour ce faire, je commence par des gestes simples, automatiques.

Je m'achète un beau livre de recettes grecques, histoire au moins de mettre ma méthode bizarre au diapason de l'objectif que je me suis fixé. Je veux bien utiliser des méthodes alternatives, mais il s'agit de le faire *avec style*. En virevoltant frénétiquement entre poêles et grills, plaques de cuisson et moules à tarte, menaces de brûlure permanentes et incidents pas toujours évités, je reste au cœur de la physique stoïcienne, qui tourne autour du feu. Le soir venu, quand ma cuisine se pare de lueurs étincelantes, j'en profite pour méditer sur le curieux panthéisme de mes maîtres de la semaine. Je fris à tout va *kolokythokeftedes* – boulettes de fêta et courgettes à tremper dans le *tzatziki* que je viens de mixer –, je pétris et cuis la pita, et entre chaque geste, absorbée par les bruits de la cuisine, la hotte, le tic-tac du minuteur, je songe à mon monde, et à leur monde à eux, ce monde rationnel des Anciens. Je songe au temps tel qu'il serait si les stoïciens avaient raison, et si le temps cosmique était imposé par un feu artisan (πύρ τεχνικόν [*pir technicon*]) dont l'énergie générerait un univers qui ne vivrait que pour un temps limité avant que n'éclate la conflagration de l'*ecpirosis* (ἐκπύρωσις), et que tout brûle, explose, pour ensuite renaître, éternellement, dans une continuelle *apocatastasis* (ἀποκατάστασις), ainsi que les Anciens appelaient la réconciliation perpétuelle qui restaure, à chaque fois, les détails du monde comme il était avant que le feu – que l'*ecpirosis*, pardon – ne les détruise. Apocatastasie, quelle parole magnétique, me dis-je tandis que je sors du four des tartelettes brûlées, et je pense à la difficulté que j'ai à effectuer les gestes du quotidien, à ne pas céder à mon habituelle paresse – je cuisine à présent, pour m'éduquer, mais depuis combien de temps grignotais-je des salades insipides juste pour m'épargner la vaisselle, pour m'éviter ces corvées domestiques qui semblent sans cesse s'annuler, chaque jour qui passe, comme si leur durée ne dépassait jamais les quelques heures ? Depuis combien de temps m'en tenais-je au minimum syndical concernant les activités ménagères, abattue à l'idée que sur un sol tout juste balayé la poussière se dépose à nouveau, intégrée comme toute chose qui existe à ce long mouvement inexorable ?

Cuisiner m'aide aussi dans mon éducation à l'éthique stoïcienne. J'étale du miel sur de petits biscuits croquants, je regarde mes mains donner forme, certes approximativement, aux ingrédients répandus sur la table. La cuisine est dans un état désastreux, à chaque fois que j'en ai fini avec l'un de mes repas grecs, je dois passer la serpillière dans chaque recoin, consciente qu'il me faudra bientôt renouveler toute l'opération depuis le début. Mais pour une raison inconnue, je commence à trouver un sens, un rythme, à cette spirale de répétitions. Je m'entraîne en interprétant les recettes : en choisissant les ingrédients, les cuissons, les ustensiles, j'exerce ma *diairesis* (le jugement préliminaire, celui qui me permet de trancher si quelque chose est ou non à ma disposition : de la farine, j'en ai ? autrement, impossible de commencer). Et je dégaine la *proairesis*, la faculté raisonnable grâce à laquelle il est possible de se repérer parmi les différentes expériences sensibles sur la base de la signification qu'on donne aux perceptions : ici aussi, je fais œuvre de stoïcisme tandis que je décrète qu'il y a selon moi assez de sel, ou qu'il en manque encore.

Je ne crois pas que cette application de la doctrine enthousiasmerait Épictète, mais il la supporterait, comme il convient de le faire à l'égard de toutes les entités *aproairétiques*, c'est-à-dire tout ce qui n'est pas en notre pouvoir : le patrimoine, le corps, la réputation. Ou les comportements des autres, me dis-je : comment pourrais-je, comment aurais-je pu penser qu'il était en mon pouvoir de les arrêter, d'éviter que Laura et lui se rencontrent le jour où entre eux, de toute évidence, quelque chose changea soudainement ?

Et voilà, malgré mes efforts, je me retrouve à penser à cette disgrâce. Après la soirée fatidique, j'ai tout fait pour ne jamais me le permettre : j'ai tenu bon, ignorant les appels, de lui et de Laura, qui voulaient expliquer, clarifier, raconter. Comment pourraient-ils imaginer que pour moi, leurs petites affaires ne sont que des broutilles aproairétiques ? Je crois qu'ils ne comprendraient même pas le mot, je pourrais le leur crier à l'oreille, je pourrais l'épeler au téléphone, le répéter une fois, deux fois, trois fois, ils n'en saisiraient toujours pas le sens. Pourquoi s'évertuent-ils à vouloir me parler de choses sur lesquelles, de toute façon, je n'ai aucun pouvoir ? Épictète le dit aussi : « Lorsque quelqu'un agit mal envers toi ou dit du mal de toi, rappelle-toi qu'il le fait ou le dit en pensant qu'il convient pour lui de le faire ou de le dire. Il ne lui est donc pas possible de suivre ce qui t'apparaît à toi, mais seulement ce qui lui apparaît à lui-même, en sorte que, si la chose lui apparaît mal, celui-là est lésé qui aussi se trompe. »

Il s'est passé ce qu'il s'est passé, et il ne dépendait de toute façon que d'eux qu'il en aille autrement ; mais je sais à présent, en bonne stoïcienne, que s'il s'est passé ce qu'il s'est passé, il devait y avoir une raison, et cela ne me concerne pas, je n'y peux rien. Si le monde déflagrait pour recommencer depuis le début, ce moment – celui où j'ai tout compris avec une clairvoyance qui a su dépasser l'épais rideau de doutes acquis pendant ma semaine sceptique –, je ne voudrais le revivre en aucun cas. Mais il est inutile que je me lamente ou que je me perde dans de vaines conjectures – cela n'est pas de mon ressort, point. Ce qui devait avoir lieu a eu lieu, voilà ce que je me répète avec un fatalisme stoïcien : c'était le destin que les choses se passent ainsi. Mais c'était le destin aussi que je finisse triste et désenchantée, et que je ne décroche pas quand ils m'appellent – où est-il écrit que je dois les pardonner simplement parce que je crois que leur comportement a été déterminé par les catégoriques lois du fatum ? On raconte qu'une fois, Zénon aurait battu un serviteur filou qui avait volé et tenté de justifier son geste en invoquant la doctrine de son maître : « C'était le destin que je vole », aurait-il déclaré. Ce à quoi Zénon, qui devait avoir le sens de la repartie, aurait rétorqué du tac au tac : « C'était le destin que tu reçoives des coups ! »

L'éthique stoïcienne préconise que l'on s'en tienne à un certain scénario, à un code de comportement bien précis que l'on se serait choisi comme un masque à montrer aux autres, une sorte d'habit social[1]. Message reçu : le mien, en ce moment, sera celui de la digne trompée, qui supporte *stoïquement* sans chercher pour autant un terrain d'entente avec ceux qui lui ont causé du tort. Aussi ai-je tout à fait le droit de ne pas répondre aux coups de fil réparateurs : c'est ainsi que se comporterait une digne trompée, n'est-ce pas ?

Mais résister à la tentation de me complaire dans la tristesse qui m'assaille… voilà une autre paire de manches. Ce comportement n'a rien de stoïcien, je le sais : à quoi bon jouer la retenue, si c'est pour passer des heures à me morfondre et à ruminer ? Épictète,

1. Épictète, toujours : « Fixe-toi dès aujourd'hui un style et un modèle que tu garderas à la fois pour toi-même et en présence des hommes. Et, le plus souvent, garde le silence, ou ne dis que le nécessaire, et laconiquement. Que si l'occasion, un jour, rarement, t'incite à parler, parle, non pas cependant sur tout ce qui se présente : pas sur les combats de gladiateurs, pas sur les courses de chevaux, pas sur les athlètes, pas sur la nourriture ou la boisson, sujets courants, surtout pas sur les hommes, pour les blâmer, en faire l'éloge, les comparer. »

ici aussi, me met en garde : je ne dois pas me croire naïvement en pouvoir d'influer sur des événements qui ne dépendent pas de moi ; mais je ne dois pas non plus me résigner au pessimisme le plus sombre, à l'idée que je ne m'en sortirai jamais.

Aussi, en l'absence de solutions plus alléchantes, je me force à ne pas y penser, me répétant encore et encore les paroles d'Épictète qui résonnent de manière plutôt coercitive : « Partage des choses : ce qui est à notre portée, ce qui est hors de notre portée. À notre portée le jugement, l'impulsion, le désir, l'aversion : en un mot, tout ce qui est notre œuvre propre ; hors de notre portée le corps, l'avoir, la réputation, le pouvoir : en un mot, tout ce qui n'est pas notre œuvre propre. Et si ce qui est à notre portée est par nature libre, sans empêchement, sans entrave, ce qui est hors de notre portée est inversement faible, esclave, empêché, étranger. [...] Ôte donc l'aversion de toutes les choses qui sont hors de notre portée, et retourne-la, parmi les choses qui sont à notre portée, vers ce qui va contre la nature. Quant au désir, pour l'heure supprime-le complètement ; si en effet tu désires l'une des choses qui sont hors de notre portée, il faut nécessairement que tu ne sois pas heureux, mais parmi celles qui sont à notre portée, toutes choses qu'il serait beau de désirer, aucune n'est présente encore. »

Le corps devrait donc également être rangé parmi les choses qui sont « hors de notre portée ». Or, après quelques jours de stoïcisme forcené en cuisine, je m'aperçois avec effroi que j'ai pris du poids. Je mesure soudain à quel point il est difficile de cultiver un rapport franchement, profondément, stoïcien avec son propre corps, de le considérer comme quelque chose dont on ne peut qu'accepter les transformations, avec un fatalisme total. Vous grossissez, maigrissez, bronzez, pâlissez, tombez malade, vieillissez – n'espérez même pas pouvoir agir sur aucun de ces événements. En poussant un peu, on pourrait se demander pourquoi continuer à se maquiller, à s'habiller selon un certain goût – mais non, j'exagère. Au fond, le maquillage et l'habillement sont des moyens mis à notre disposition pour nous améliorer tout en restant dans les limites de la courette qu'occupent les choses indifférentes, les *adiafora* (ἀδιάφορα). Prendre soin de son apparence – se mettre en valeur, comme disent certains – n'est certes pas une activité révolutionnaire. Et d'autre part, nous ne pouvons changer la nature de notre corps que jusqu'à un certain point. Qui a hérité d'une tendance à l'embonpoint, qui une prédisposition à la calvitie, qui une maladie génétique. C'est ainsi, et cela n'a pas de sens, en tout cas si l'on veut être stoïciens, de chercher à s'y opposer. Prenons mon exemple : je me sens menacée par l'embonpoint depuis que je me suis mise à cuisiner et à manger de façon obsessionnelle après des semaines d'inanition. Or, cette prise de poids ne présente aucun des symptômes d'une escalade inéluctable à caractère congénital. Elle est plutôt la conséquence d'une série de décisions prises sciemment et de mon manque de clairvoyance, une fois ces décisions prises. Je n'ai pas réfléchi au fait que j'allais avoir des tonnes de bons petits plats à consommer, et je partais du mauvais pied : je n'ai pas soumis mon régime au principe de modération auquel nous exhorte pourtant le stoïcisme.

J'ai un congélateur, pourquoi n'ai-je pas eu l'idée d'y stocker mes restes ? C'est vrai qu'on a souvent reproché à Zénon sa propension à lever le coude pendant les banquets, mais lui n'était pas glouton, au moins. En outre, il avait réponse à tout, même à ces critiques : à ceux qui lui faisaient remarquer qu'il était un peu trop porté sur le vin, il répondait que « les lupins aussi, bien qu'ils soient amers, s'adoucissent quand on les met à tremper ». En ce qui me concerne, cependant, l'activité immodérée de mes mâchoires n'a pas d'effet adoucissant... bien au contraire ! Je n'en deviens que plus molle et déprimée. Je me force à tout manger pour éviter le gaspillage mais je me sens de plus en plus triste.

Je commence à examiner mon corps centimètre par centimètre et à me demander si j'ai bel et bien grossi, comme il me paraît, ou si c'est juste que je sors d'une période de jeûne et de désintérêt vis-à-vis de mon bien-être, et que je suis en train de me reprendre en main. Je me soumets à une impitoyable séance d'observation, face au miroir, en essayant de garder à l'esprit que je ne peux pas me changer : tous ces défauts, je vais les garder, que cela me plaise ou non. Drôle d'expérience que celle de se regarder dans un état de solitude absolue et de parfaite résignation.

Depuis mon plus jeune âge, je me suis toujours regardée *pour* quelqu'un d'autre – *en* quelqu'un d'autre, même, épiant les plus insignifiants symptômes de désir ou de répulsion ; encore enfant, je surveillais ma croissance et regrettais sa disharmonie, convaincue que je n'aurais jamais plu à âme qui vive, parce que qui peut trouver attirants une poitrine dont l'un des seins est plus gros que l'autre, une asymétrie dans la courbe de la hanche, des cheveux trop frisés, trop foncés ? Je me suis toujours regardée pour quelqu'un en espérant pouvoir limiter mes défauts, peu à peu, avec l'aide du temps (il faut être très jeune pour compter sérieusement là-dessus, et pourtant, cette vieille croyance ne me quitte pas) et au moyen de petites astuces, de subtils procédés de dissimulation et d'exhibition. Je pensais pouvoir limer des tares que je considérais *moi* comme des tares, projetant sur ma propre personne, comme une lampe cruelle et froide, ce que j'imaginais être le regard des autres, de ceux dont je voulais, désirais, priais pour qu'ils me trouvent belle. Ah, combien de temps et de souffrance me serais-je épargnés si j'avais lu Épictète plus tôt !

Je regarde mon corps comme s'il n'était plus à moi dans le sens où je l'ai jusqu'alors toujours considéré ; comme s'il ne devait pas me *servir* à obtenir des choses (amour, attention, admiration) ; comme si, pour une fois, tous les défauts qu'il a, qu'il a toujours eus, qu'il aura toujours par rapport au corps idéal que je n'ai pas et qui d'ailleurs n'existe sans doute pas en trois dimensions, hors des photographies, n'étaient pas la preuve que j'avais failli ou échoué.

Et je comprends que je ne vois que maintenant ce que j'aurais dû voir depuis longtemps. C'est-à-dire que non, ce que je considère comme des défauts de mon corps ne sont pas les signes d'une quelconque faute, ils ne sont pas les marques tangibles de je ne sais quel laisser-aller, ni la preuve du fait que je ne mérite pas d'être aimée. Simplement, ils ne dépendent pas de moi ; et néanmoins, je *suis* ce corps, je suis cet organisme que je ne peux changer que très superficiellement, parce que si j'ai la tendance à prendre du derrière quand je mange trop, c'est ainsi que je suis faite, et il est inutile de me lamenter – je n'ai pas le droit de me lamenter.

Pour la première fois, je comprends que j'ai toujours, depuis ma toute première adolescence, utilisé les défauts de mon corps pour m'imposer une tyrannie à moi-même : c'était eux qui me détournaient de l'amour, mais c'était moi qui en étais responsable. C'était de ma faute si j'avais tous ces défauts. De ma faute à moi, qui me laissais aller à manger plus que de raison et me retrouvais avec un gros derrière, comme celui que me renvoie à présent le miroir ; et, pour la première fois depuis que je le connais, je le trouve si joyeux, si rond, que je me mets à rire toute seule.

Après trois jours passés à cuisiner comme une maniaque et à remplir le frigo de Tupperware, au milieu des plats et des moules sales, je me mets à songer avec effroi à la solitude. Le vrai problème, c'est que je ne peux partager ce festin avec personne. Mais est-ce vraiment le cas ? Jeter à la poubelle toute cette bonne chère serait un gâchis ; mais ce n'est pas une raison pour m'empiffrer. Je lis plusieurs fois de suite un passage d'Épictète : « Rappelle-toi : il faut te conduire comme dans un banquet. Le plat que l'on passe à la ronde est arrivé près de toi : tends la main, prends ta part avec mesure. Il t'échappe : ne le retiens pas. Il n'est pas encore là : ne projette pas à l'avance ton désir, mais attends qu'il arrive près de toi. Ainsi avec tes enfants, ainsi avec ta femme, ainsi avec le pouvoir, ainsi avec la richesse ; et tu seras un jour digne de boire avec les dieux. Or si tu ne prends pas de ce qui t'est offert, mais que tu le regardes avec dédain, alors tu ne seras pas seulement digne de boire avec les dieux, mais aussi de partager leur pouvoir. » Bon, je n'ai pas la prétention de boire avec les dieux, mais avec mes amis, si. Je m'étais fourrée dans la tête que j'étais trop triste pour imposer à quiconque ma compagnie ; mais au nom de quoi devrais-je me comporter comme une pestiférée simplement parce que j'ai vécu l'expérience – assez traumatisante, certes – d'être quittée pour une bonne amie et de devoir changer de maison toute affaire cessante ? À cette pensée, soudain, ma tristesse ne me fait plus l'effet d'une monstrueuse difformité à cacher.

Il se produit alors une sorte de miracle : bien que toujours triste, je commence à me sentir moins irrémédiablement dépressive, et pas parce que j'ai soudain espoir dans les pouvoirs surnaturels de mes amis pour m'arracher aux abysses de cette souffrance infinie. Non : c'est juste que j'ai pris du recul sur la situation en effectuant un pas de côté, et que j'ai compris que c'était l'idée de ma douleur, l'idée d'avoir été humiliée, moquée, embobinée, qui me pesait sur le cœur ; j'avais honte de souffrir, mais cette honte, à présent, me semble inconsistante, sotte, une naïveté de gamine. Je dresse la table et j'invite à dîner sept amis que je n'ai pas vus depuis longtemps.

Pendant la soirée, nous rions beaucoup. J'appréhende ma tristesse sous un autre angle. Épictète le dit lui-même : « Ce ne sont pas les choses qui troublent les hommes, mais les évaluations prononcées sur les choses : ainsi la mort n'est rien de terrible (car même à Socrate elle serait apparue terrible), mais l'évaluation prononcée sur la mort : qu'elle est terrible – voilà ce qui est terrible. Quand donc nous sommes entravés, ou troublés, ou affligés, n'en imputons jamais la faute à l'autre, mais à nous-mêmes, c'est-à-dire à nos propres évaluations. » C'était l'*évaluation* que j'avais de ma tristesse qui m'affligeait le plus. Mais ça y est, je n'ai plus peur d'être triste. Après le départ de mes amis, juste avant de sombrer dans le sommeil, me revient à la mémoire ce poème de Guido Gozzano :

Je m'interroge : — que peut donc penser l'oie
Caquetant sur le bord du canal ?
Elle semble heureuse ! Au soir hivernal
Tendant le cou, haussant sa rauque voix.

Elle saute s'ébroue plonge et s'agite :
Ne rêve certes pas d'être mortelle
Ne rêve certes pas au prochain Noël
Ni aux lames qui la conduiront à la marmite.

Ô, petite canne, ma sœur naïve,
Tu enseignes que la Mort n'existe point :
On ne meurt que d'y avoir pensé.

Mais tu ne penses pas. J'envie ton sort !
Car être mangé n'est pas triste
Mais penser qu'on le sera.

Je me sens enfin légère comme cette oie. Qu'y puis-je, si les lois de la nature, de la vie, paraissent parfois si cruelles ? C'est ainsi qu'elles fonctionnent, et il est inutile de s'en indigner, me dis-je un instant avant de m'endormir.

Cinquième semaine

Une semaine épicurienne

« De tous les biens que la sagesse nous procure pour le bonheur de toute notre vie, celui de l'amitié est de beaucoup le plus grand. » J'inaugure ma nouvelle semaine en apprenant par cœur cette première maxime d'Épicure.

Je m'apprête à intégrer l'école épicurienne et autant dire qu'après m'être compliqué le quotidien pendant ma semaine sceptique, après m'être soumise à la sévérité de l'examen stoïcien, je nourris de grandes attentes pour cette nouvelle expérience. Mais s'il y a une chose que ces différentes semaines philosophiques m'ont déjà apprise, c'est qu'elles ne finissent jamais de la manière que j'avais prévue. Le fait de devoir suivre des règles me plie et me déplie à l'envi, et je me retrouve à chaque fois dans une forme en tout point différente de celle que j'avais au début – cette sensation, la feuille de papier que l'art de l'origami transforme tantôt en dauphin tantôt en cygne doit la connaître aussi.

Et pourtant, je dois l'admettre, je ne manque pas de projets dissolus, et c'est avec un appétit presque lubrique que je m'attelle à l'étude de cette nouvelle école : dans ma grande naïveté, je suis convaincue qu'en rejoignant les épicuriens, je vais pouvoir m'offrir quelque caprice. Peut-être suis-je dans cet état parce que j'ai affaire à un philosophe scandaleux. Avec ses idées si libres, si différentes de celles de ses contemporains – et donc si folles, à leurs yeux –, Épicure, comme tout philosophe *inactuel*, dans l'acception nietzschéenne, a bouleversé le monde des idées et s'est acquis une réputation imméritée de dépravé, de vicieux, de débauché, tout ce que vous voudrez. Et c'est en grande partie la faute des stoïciens si les épicuriens, et Épicure en particulier, ont mauvaise presse.

Apparemment, un certain Diotime, stoïcien, s'amusa à écrire pas moins de cinquante lettres obscènes qu'il signa du nom d'Épicure afin de jeter l'opprobre sur ce dernier. Les pires anecdotes circulaient sur le compte du philosophe, toutes calomnieuses : on chuchotait qu'Épicure tenait un journal dans lequel il recensait les dizaines d'hommes et de femmes avec lesquels il faisait l'amour, qu'il vomissait deux fois par jour afin de pouvoir bâfrer en continuation, qu'il était toujours ivre et prostituait son petit frère, l'un des trois frères avec lesquels il avait fondé son école, avec la collaboration d'un autre associé, Mys, esclave (et beaucoup virent d'un très mauvais œil, justement, le fait que les épicuriens traitaient les esclaves d'égal à égal[1]). L'école d'Épicure prit le nom de Jardin, parce qu'elle se constituait d'un petit lopin de terre cultivée. Ce nom semble porter en lui des promesses d'indolence, de palmiers, de fleurs et de parfums capiteux ; je découvre

1. Épictète aussi, il est vrai, était un esclave, mais il était affranchi quand il s'adonna activement à la philosophie.

qu'il s'agissait moins d'un vrai jardin que d'un petit potager. Toujours plus vaste et ombragé, néanmoins, que le buisson d'herbes aromatiques qui surgit devant ma fenêtre à la suite de cette découverte et qui me permet de réaliser en miniature le principe à l'origine des activités agricoles des épicuriens, principe selon lequel il faut cultiver soi-même fruits et légumes afin d'avoir la certitude de ne jamais en manquer.

Je sais que c'est bête, mais je dois avouer que je suis un peu déçue en apprenant la vraie nature de ce jardin. Je m'attendais à des luxes sybaritiques, au lieu de quoi... La découverte de la frugalité d'Épicure me laisse perplexe. L'homme a dû s'illustrer par des comportements iconoclastes, ou en tout cas suffisamment anticonformistes pour être perçus comme menaçants. Autrement, pourquoi aurait-il suscité chez ses détracteurs un tel acharnement, pourquoi se serait-il attiré du camp ennemi une réputation si mauvaise, une aura si vénéneuse qu'elle en est devenue légendaire (à tel point que même mon correcteur automatique me transforme directement « Épicure » en « épicurien », parce que dans son cerveau électronique le nom propre n'existe pas, juste l'adjectif qui suggère par antonomase un goût effréné pour la vie, et une tendance naturelle à la jouissance heureuse et insouciante) ?

Et pourtant je découvre, en me remettant à l'étude et en rassemblant mes souvenirs éparpillés, que la doctrine du plaisir élaborée par Épicure se fonde entièrement sur la privation. La « vie bienheureuse » du parfait épicurien, une existence menée avec la simplicité apprise au Jardin, en compagnie de ses amis, le plus loin possible des remous de la politique et des affres de l'ambition, se base sur les plaisirs dits *catastématiques* (en grec καταστηματικός signifie « stable, statique », voire « sédaté »). Les seuls plaisirs solides, véritables, seraient l'ataraxie (« *manque* de trouble ») et l'aponie (ἀπονία : « *absence* de douleur »). Pour rejoindre ces états, une seule solution : limiter ses propres désirs, autant de potentielles causes de douleurs. Le sage épicurien ne gâche ni son temps ni son énergie à espérer une impossible félicité à venir, mais il sait penser au passé, et se rappeler les plaisirs qu'il a déjà goûtés : et dans cette évocation réconfortante, il s'abrite des douleurs du présent, si besoin est.

Épicure a donné naissance à une éthique de la sérénité : le vrai savoir, selon lui, libère de la peur et de la souffrance. Ainsi, par exemple, l'atomisme, la base de sa physique, est-il censé nous affranchir de la peur de la mort. La vie n'est qu'une union de corpuscules atomiques, et la mort, simplement, leur désagrégation. On meurt quand tous les atomes d'un corps se séparent, y compris ceux, légers, ronds et incandescents, qui constituent l'âme. Aussi celui qui meurt ne sent-il rien : nous ne devons pas craindre la mort comme une grande douleur, parce que quand elle adviendra, nous ne serons plus, et donc nous n'éprouverons rien du tout. La mort « n'est rien pour l'homme », dit Épicure : elle est anesthésie (un autre mot grec très parlant : ἀναισθησία, soit « insensibilité », composée d'un ἀν- privatif et de αἴσθησις, « sensation ») – absence totale de sensations.

Quant à la peur des dieux, qui condamnaient ses contemporains à tout un tas de superstitions, elle n'a aucune raison d'exister, selon Épicure : les dieux existent, mais ils mènent leur bienheureuse existence dans les intermondes, c'est-à-dire dans les interstices entre les nombreux mondes existants. Et – comment les blâmer ? – de ce qui se passe sur terre, parmi les hommes imparfaits, ces êtres parfaits et sereins se soucient comme d'une guigne : d'autant que l'univers n'est dirigé vers aucune finalité, et qu'il mène lui aussi une vie indépendante et gouvernée par le hasard, dont la seule constante sont les nécessaires mouvements de la matière selon le principe du *clinamen* (mot latin par lequel Lucrèce, le plus grand poète épicurien, traduit le grec κλίσις [« *klisis* »], qui veut dire « inclination »), c'est-à-dire cette possibilité qu'ont les atomes de dévier la trajectoire de leur chute perpétuelle en donnant vie à de nouvelles combinaisons. Sans *clinamen*, la rencontre entre les atomes ne serait pas possible, parce que pour Épicure les particules ont toutes le même poids et tombent du haut vers le bas à la même vitesse : si elles ne pouvaient pas introduire des diversions dans leur parcours, elles ne s'entrechoqueraient jamais.

Épicure sait même délivrer ses disciples de la peur de ne pas atteindre le plaisir, en montrant combien il est facile d'accéder au plaisir *naturel*, selon lui le seul antidote aux inextinguibles tourments du désir. Quant à la douleur, nous ne devons pas la redouter non plus : si elle est intense, elle est toujours passagère, si elle est chronique, nous savons avec certitude qu'elle sera modérée. Il n'existe pas de douleur insupportable, parce que notre sensation de souffrance s'équilibrera toute seule : heureusement pour nous, la durée et l'intensité sont dépendantes l'une de l'autre.

La libération des quatre craintes fondamentales (des dieux, de la mort, de l'impossibilité du plaisir, de la douleur) qui mettent en échec la vie des hommes en les rendant malheureux, voilà le chef-d'œuvre de l'épicurisme : chaque fois que j'y pense, je m'étonne de la simplicité et du génie de la médecine logique (le *tetrafarmacon*, τετραφάρμακον) inventée par Épicure pour nous guérir tous et toutes de la peur.

Plus j'en apprends sur la vie d'Épicure, plus je suis convaincue qu'il est l'un des rares hommes ayant réussi l'entreprise de vivre d'une manière scandaleusement libre – je ne sais pas si vous vous rendez compte. Je ne suis pas assez mégalomane pour avoir espéré égaler Épicure, mais j'ai toujours rêvé appartenir moi aussi à ce petit cercle d'élus. J'aime me voir comme une personne indépendante et intrépide, désinvolte et effrontée, toujours prête à renvoyer dans leurs cordes les bien-pensants avec sa liberté et son insouciance bienheureuse. Évidemment, je ne possède pas un seul trait de ce portrait.

Non seulement cette personne extraordinaire que je fantasme ne me ressemble en rien, mais je dirais même qu'elle est mon exact opposé, ma *némésis* : plus je m'en rends compte, plus grandit mon admiration pour des personnages comme l'Épicure noceur auquel je crois encore, quand débute cette semaine. Et on comprendra facilement pourquoi, en une telle période – la fin d'un amour ajoutée à un déménagement –, je ne parviens pas à ne pas penser à moi sans faire précéder d'un préfixe privatif la moindre des qualités qui auraient en d'autres circonstances pu être attribuées à ma personne. Si la tournure de mes phrases est alambiquée, c'est parce que mon style s'égare et se referme sur lui-même, quand je vais mal. C'est une façon de me cacher, mais sans que l'idée de vivre ne me traverse l'esprit ne serait-ce qu'un instant – rien à voir avec le *lathe biosas* (λάθε βιώσας), l'art épicurien de « vivre caché ». Et ce n'est que grâce au scepticisme, qui m'a permis de prendre les distances par rapport à ce que je traversais, que j'ai tenu bon ces derniers temps ; puis au stoïcisme, qui m'a contrainte à m'endurcir comme une coquille de noix, à résister aux accrocs du monde pendant la période impartie.

Mais voilà que je me sens de nouveau démunie face à cette souffrance, alors que je dois affronter l'une de ces périodes de bouleversement que nous traversons tous un jour ou l'autre et qui nous laissent en mille morceaux, comme des vases en porcelaine percutés par un marteau. Et vous pouvez toujours compter sur quelqu'un, dans ces moments-là, pour vous citer de drôles de formules issues de la sagesse orientale, ou pour vous répéter qu'en je ne sais quelle langue, chinois peut-être, « crise » et « opportunité » sont désignées par le même idéogramme et que lorsqu'un objet délicat, de fine céramique ou de porcelaine peinte, se brise, un autre peuple de l'Extrême-Orient (les Japonais ?) le répare avec de l'or fondu, afin de faire ressortir les fissures, de les transformer en fleuves dorés condamnés à l'invisibilité lorsque le vase était intact, sain, d'une seule pièce, dépourvu d'histoire et de géographie.

Je ne peux plus m'en remettre au stoïcisme : pour une fois, je veux mener un projet à terme sans déroger aux règles que je me suis imposées à l'origine – une semaine pour chaque école –, or le temps du stoïcisme est révolu. Et je me retrouve donc en morceaux, sans la colle d'or des paroles d'Épictète pour me rassembler, sans que l'image de ces fameuses faïences nippones ne m'offre le moindre réconfort, parce que même si elle est très belle, elle ne suffit pas à me dire ce que je dois faire, en pratique, dans la vie de tous les jours. Elle ne suffit pas à me faire lever le matin.

Mais la couche d'inconfort est peu à peu transpercée par les phrases d'Épicure, des phrases comme : « L'amitié mène sa ronde autour du monde habité, comme un héraut nous appelant tous à nous réveiller pour nous estimer bienheureux. » Peut-être était-ce d'Épicure dont j'avais besoin, en ce moment précis ; de lui qui, pour éviter qu'on le fasse héritier de tel ou tel courant de pensée, manifestait un mépris préventif à l'égard de quasiment tous les philosophes[1]. Il était presque brutal envers certains : par exemple le pauvre Nausiphane (dont, selon Apollodore, il fut pourtant l'élève), qu'Épicure s'amuse à surnommer « Mollusque » et traite d'ivrogne sans trop s'embarrasser de périphrases.

En somme, Épicure ne portait pas ses confrères dans son cœur : il ne perdait pas une occasion de dire haut et fort qu'ils s'occupaient de questions inutiles.

1. D'après Dioclès, Épicure admirait deux philosophes présocratiques : Anaxagore, même s'il contestait certains points de sa pensée, et Archélaos, le maître de Socrate. Il fut en partie redevable de la doctrine de Démocrite, mais sans grand enthousiasme ; il aimait déclarer que Leucippe, qui fut le maître de Démocrite, était tout sauf un philosophe. En revanche, et c'est toujours Dioclès qui raconte, Épicure demandait à ses disciples d'apprendre par cœur ses propres écrits.

À moins que ce ne fût un moyen de faire ressortir par contraste l'originalité de sa pensée ? Peu importe : cette vanité était justifiée. Quant à son hostilité vis-à-vis de ses maîtres et prédécesseurs, minime crime d'orgueil, il la paya – en même temps que sa doctrine et sa vie insolemment libres – par cette image d'être sans cœur qui continua de lui coller à la peau. Or le snobisme d'Épicure n'était qu'une posture : dès lors, pourquoi faudrait-il nourrir de l'antipathie à son égard ?

« Vain est le discours du philosophe par lequel l'homme n'est guéri d'aucune passion », lis-je alors que je m'apprête à commencer ma semaine à son école. J'ai tôt fait de lui donner raison. Diogène Laërce – qui parle d'Épicure avec beaucoup d'affection – raconte que le philosophe avait tant d'amis qu'ils se comptaient par villes entières. Certes, l'homme avait la fâcheuse tendance de critiquer ses rivaux, mais il devait par ailleurs être un homme délicieux. Un homme capable d'écrire trois cents livres tout en cultivant une très riche vie sociale. Je ne compte pas mes amis par villes, mais j'ai laissé beaucoup de villes, et de maisons, et de vies derrière moi – autant de fois que j'ai déménagé, changé de travail, pris les mauvaises décisions, échoué à me sortir de situations critiques, hésité et hésité encore sans parvenir à avancer, terrassée par l'angoisse, autant de fois que je n'ai pas réussi à formuler envers moi-même ces pardons condamnés à disparaître dans l'oubli.

J'ai déjà trop de vies derrière moi, et d'amis que je ne vois jamais. Nous nous écrivons de loin en loin, nous nous envoyons des petits cœurs, nous ne nous parlons plus. Je ne sais pas ce qu'ils font, comment ils s'en sortent dans le monde, comment ils font taire leurs peurs, quand ils y succombent ou quand ils triomphent sur elles. Je ne sais pas comment ils résistent à ce tourbillon qui nous consume tous, nous poussant sans cesse à vivre et à nous dissiper, risquant toujours d'y perdre ou d'y gagner quelque chose. Je ne sais pas de quelles illusions ils se bercent ni comment ils en reviennent. Aussi pouvez-vous imaginer ma surprise lorsque je retrouve, au milieu d'un livre que je ne me souviens pas avoir déjà ouvert, une carte postale jamais envoyée à une amie que je n'ai pas vue depuis des années. Je me souviens avec une inexplicable précision du jour où j'ai acheté ce petit ouvrage, à Paris, pendant un après-midi indolent. Je l'avais trouvé sur l'une de ces tables de bouquiniste où les prix dépassent rarement les cinq ou dix euros. Manifestement, je ne l'ai acheté que pour me donner un genre, puisque je ne l'ai jamais lu ; mais, en bonne superficielle que je suis, j'avais été attirée par le titre et la couverture. J'étais encore au lycée, j'avais des idées confuses sur le présent et sur l'avenir mais j'étais ravie de me trouver là, à Paris, pendant deux semaines, pour étudier le français. Il s'agit d'une vieille édition des Presses universitaires de France dont le temps avait déjà jauni les pages et le dos depuis longtemps, bien avant que je ne jette mon dévolu sur elle. C'est d'ailleurs peut-être pour ça que je l'ai choisie. Ou parce que le nom d'Épicure dans le titre, entre un soleil qui regarde en bas et le quadrige emblématique des Puf, me semblait très transgressif. Le livre est jauni et pour cause : il date de 1946. *Épicure et ses dieux*, d'André-Jean Festugière. Jamais ouvert, disais-je, en tout cas pas que je m'en souvienne.

Je l'ouvre à présent et une carte postale me tombe sur les genoux. La photographie d'un cactus sur un fond de montagnes volcaniques : je me souviens du magasin de souvenirs où je l'ai achetée, à Timanfaya, sur l'île volcanique de Lanzarote, de nombreuses années après mon voyage à Paris. Allez savoir comment la carte a échoué dans le Puf. Sans doute la faute de ma négligence proverbiale, mon incapacité à rien jeter, ma gênante habitude de cacher la poussière sous le tapis ou de fourrer, « pour faire de l'ordre », les vieux papiers que je retrouve en vidant un sac ou une valise dans les premiers livres qui me tombent sous la main.

Au dos du cactus se trouve un message, écrit avec mon pathologique goût pour l'exagération, marqué par les élans qui m'assaillent à chaque fois que j'écris à la main à un ami, comme si dans la pression de la plume sur le papier se libérait une urgence absolue, extrême, de dire, déclarer, embellir. Ce message excessivement affectueux, par exemple, à qui le destinais-je ? Pourquoi l'ai-je écrit sur ce bout de carton à l'aéroport – je m'en souviens comme si c'était hier. Je me revois encore, assise dans la salle d'embarquement, le sac à dos sur les genoux, plongée dans cette mélancolie acerbe propre aux fins de vacances, ce spleen qui déteint sur le temps qui reste alors qu'on pourrait toujours en jouir, du moins en théorie. L'attente solitaire dans un petit aéroport tranquille, puis le spectacle qu'offraient, par le hublot, les silhouettes des îles peu à peu englouties par l'océan, et puis l'obscurité, vue d'en haut : de tout ça, j'aurais pu jouir. Mais j'étais trop nostalgique pour rester dans le présent, pour me loger dans cet instant qui pouvait n'être qu'à moi, comme les secrets les plus réconfortants, comme l'instant avant de s'endormir après une longue journée heureuse. Ainsi, au lieu de savourer les dernières heures de vacances, par peur de les voir finir vraiment, je transformai leur fin en châtiment. Je m'obligeai à fouiller dans mon sac à la recherche des cartes postales que j'avais achetées des jours plus tôt, au magasin de souvenirs, histoire de ne pas ressortir les mains vides devant la vendeuse. Je ne me souviens plus sur quels critères j'avais décidé d'envoyer à tel ou tel ces cartes postales que j'avais initialement achetées pour moi, dans l'idée de les garder en souvenir – avant que, dans la solitude de l'aéroport, ce petit égoïsme m'apparaisse inenvisageable, presque immoral. J'avais peur de trop souffrir de la mélancolie à l'égard de la semaine qui s'achevait, aussi m'interdis-je d'en profiter en écrivant un message trop affectueux à une amie que j'aimais bien, mais que je ne voyais jamais. C'est seulement maintenant, en repensant à ce moment à l'aune des phrases d'Épicure qui s'étirent noir sur blanc sous mes yeux, que je comprends combien mon comportement était contradictoire : et combien il continue à l'être.

Les passagers furent appelés à embarquer et je glissai dans mon sac l'unique carte que j'avais eu le temps d'écrire, dans une poche séparée de celle où se trouvaient les autres ; je tenais à la distinguer, elle était prête à être expédiée. Et une fois arrivée chez moi, quand je défis mes valises, je la mis de côté et la posai quelque part en évidence, pour ne pas oublier de l'affranchir et de la poster.

Or j'oubliai ; cela n'avait plus d'importance, malgré les grandiloquentes démonstrations d'affection dont j'avais saturé ma carte postale. Un jour, en faisant de l'ordre, je retombai dessus, en équilibre sur un bord de ma bibliothèque, et pour ne pas la laisser inutilement encombrer l'étagère, je la glissai dans le livre le plus proche, *Épicure et ses dieux*, donc, d'André-Jean Festugière. Sans doute la seule fois où j'ouvris le livre de ma vie.

Un constat me saute aux yeux, aujourd'hui : cette carte postale, je ne l'avais écrite que pour moi. Je n'avais même pas daigné lui coller un timbre. Et ai-je revu l'amie à laquelle je la destinais depuis la fin de ces vacances ? Peut-être pas ; quand elle est venue dans ma ville, j'avais des choses à faire, ou j'étais absente, je ne me souviens plus. Nous nous sommes échangé des messages et des cœurs, mais je ne sais rien d'elle, même si je la considère comme une amie, même si je tiens à elle. Mais à quoi bon me flageller pour cette histoire ? Je ne peux pas tirer d'un cas isolé une loi générale qui décrirait mes rapports avec les personnes auxquelles je pense tenir comme les lois de la physique le font des mouvements des étoiles. Et si, pourtant, j'étais en train d'apprendre ma première leçon épicurienne ? Quitte à donner trop de poids à l'affaire, je repense au jour où j'écrivis cette carte et je réalise deux choses. La première, c'est que c'est par peur de la douleur, qui est l'autre face du plaisir – par peur de la mélancolie qui aurait déteint sur ce moment-là, comme le coucher de soleil de cette contrée presque tropicale déteignait sur le ciel de l'autre côté des vitres de l'aéroport –, que je me suis interdite d'être véritablement présente à cet instant, à cet adieu tendre et voilé. La seconde, c'est que j'avais utilisé l'excuse de me comporter en bonne amie – un geste d'affection non réclamé, maladroit et compensatoire – pour m'empêcher de m'immerger dans l'instant présent : par la suite, cet élan se serait révélé sous sa vraie nature, et de l'affection sur laquelle j'avais cherché à me concentrer, mon amie ne reçut pas même une bribe. Cette dernière n'aura probablement jamais su que je pensais à elle. Je ne lui avais rien confié, je ne m'étais pas approchée d'elle par la pensée ; j'avais juste gâché un moment.

On raconte qu'Épicure a attendu que la mort vienne le chercher dans une baignoire de bronze remplie d'eau chaude, à boire du vin et à discuter avec ses amis. Il avait 71 ans. Quand bien même il s'agirait d'une légende, tout le monde ne peut pas s'enorgueillir d'en avoir inspiré de telles. Le jour de sa mort, le vieux philosophe écrivit également une lettre : « Je vous écris cette lettre alors que je passe et achève en même temps le bienheureux jour de ma vie ; les douleurs que provoquent la rétention d'urine et la dysenterie se sont succédé sans que s'atténue l'intensité extrême qui est la leur ; mais à tout cela la joie qu'éprouve mon âme a résisté, au souvenir de nos conversations passées ; quant à toi, prends soin des enfants de Métrodore, en te montrant digne de la disposition d'esprit que tu as manifestée envers moi depuis que tu es jeune, et de la philosophie. »

Il mourait, ce jour-là. Il ne rentrait pas chez lui après une semaine de vacances, non : il mourait ;

et il écrivit véritablement une lettre, pour demander véritablement à son ami Idoménée de s'occuper des enfants d'un autre ami, qui était mort avant lui en les lui confiant. Et comme si cela ne suffisait pas, il parvint aussi à apprécier le moment où il prenait congé de sa vie terrestre en buvant du vin et en bavardant – ou, en tout cas, il réussit à laisser derrière lui cette légende, dotée d'une telle puissance suggestive, qu'elle soit véridique ou inventée, qu'elle hisse la simple anecdote au rang de l'*exemplum*. En mourant de calculs rénaux au IIIe siècle avant Jésus-Christ, atteint de dysenterie et d'un mal aux voies urinaires dont je ne connais pas la nature – et que je ne suis pas sûre de vouloir découvrir –, Épicure est parvenu à écrire des paroles remplies d'une infinie tendresse pour la vie, et d'une grande douceur, même au sujet de la douleur. Des paroles d'une générosité à couper le souffle. Voilà ce qui me manque, voilà ce que j'apprends dès mes premiers jours d'épicurienne : jusqu'ici, je n'ai pas été assez généreuse. C'est pour cela que le plaisir m'échappe, que je suis incapable de vivre l'instant, de profiter du présent. C'est pour cela que je suis en tous points identique aux détracteurs d'Épicure, tandis que je me disperse dans des projections bovarystes, exagérées, des délices que peut offrir une existence épicurienne.

Il n'y a pas besoin d'être généreux pour mener une vie de débauche ; à l'inverse, rien de dissolu dans la générosité qui émane de cette lettre, la générosité qui permet d'embrasser la vie et la mort. Le plaisir n'est pas un moyen d'échapper à la vie, même quand la vie se fait torve et impitoyable. Le plaisir est le signe que la douleur s'éloigne, selon un délicat et inflexible rapport d'équilibre semblable à celui des vases communicants : mais il existe des plaisirs qui peuvent apporter du tourment, des désirs turbulents qui ont la déplaisante faculté de prendre le dessus sur le moindre souffle de vie, semant la ruine dans la tête et le cœur de ceux qui en deviennent dépendants. Épicure a bien conscience de cela, et il l'explique avec une grande clarté à Ménécée dans sa lettre sur le bonheur ; c'est pourquoi je trouve bizarre, voire cruel, que son nom soit aujourd'hui associé aux plaisirs qu'il a si vigoureusement condamnés de son vivant, aux étourdissants excès dont il s'est toujours tenu à distance : « En effet, une étude rigoureuse des désirs permet de rapporter tout choix et tout refus à la santé du corps et à l'absence de trouble dans l'âme puisque c'est cela la fin de la vie bienheureuse. C'est en effet en vue de cela que nous faisons tout, afin de ne pas souffrir et de ne pas éprouver de craintes. Mais une fois que cet état s'est réalisé en nous, toute la tempête de l'âme se dissipe, le vivant n'ayant pas besoin de se mettre en marche vers quelque chose qui lui manquerait, ni à rechercher quelque autre chose, grâce à laquelle le bien de l'âme et du corps trouverait conjointement sa plénitude. C'est en effet quand nous souffrons de l'absence du plaisir que nous avons besoin du plaisir ; mais, quand nous ne souffrons pas, nous n'avons plus besoin du plaisir. »

Il emploie les termes de « plaisir », « désir », mais je crois qu'il pourrait tout aussi bien parler de sérénité et d'équilibre. C'est d'ailleurs dans ce sens que je décide d'interpréter ses paroles, avant de reprendre ma lecture : « Car les saveurs simples apportent un plaisir égal à un régime d'abondance quand on a supprimé toute la souffrance qui résulte du manque, et du pain et de l'eau procurent le plaisir le plus élevé, lorsqu'on s'en procure alors qu'on en manque. Donc, s'accoutumer aux régimes simples et non abondants assure la plénitude de la santé, rend l'homme actif dans les occupations nécessaires à la conduite de la vie, nous met dans de plus fortes dispositions quand nous allons, par moments, vers l'abondance, et nous prépare à être sans crainte devant les aléas de la fortune. » Épicure décrit un mode de vie digne d'un vieux sage, à mille lieues de la fureur et des excès. Une recherche de soulagement, pas d'étourdissement. La vérité, c'est que nous ne sommes pas habitués à cultiver la modération : j'en fais l'étonnante découverte tandis que, contre toute attente, mon expérience épicurienne se transforme en une longue quête de la frugalité. La première mission que je m'assigne, pour suivre les instructions de mon maître, consiste à cataloguer mes désirs en les classant dans trois catégories différentes. *Primo*, les désirs naturels et nécessaires, comme manger, boire, et dormir en quantité suffisante. *Secundo*, les désirs naturels mais non nécessaires – qui confinent au superflu mais qui sont si doux aux sens : bien manger, bien boire, bien dormir. Je tâche de m'en tenir à la première catégorie, avec une tolérance modérée vis-à-vis de la deuxième, mais en prenant soin d'éviter la troisième, les désirs ni naturels ni nécessaires, mais dictés par l'opinion.

Il ne s'agirait pas non plus de jouer les bégueules avec ces pauvres désirs, de les diaboliser, mais la nouvelle habitude que j'ai prise de les classer continuellement me pousse à réfléchir à trois fois avant de m'accorder quoi que ce soit. La vraie surprise de cette semaine épicurienne est que précisément quand je m'attendais à devenir une débauchée impénitente je finis par me comporter comme une petite vieille douce et frugale.

Je cultive les herbes aromatiques devant ma fenêtre, je mange sain et jamais en excès ; je ne pense plus à cette paire de bottes aperçue en vitrine, qui me plaisait beaucoup mais que je ne peux pas me permettre. Je ne l'achète pas, c'est tout. Je ne sacrifierai pas la qualité de mon alimentation, estampillée « bio », pour l'allure folle que me donneraient ces talons argentés. Aucun plaisir n'est mauvais en soi, ce sont les moyens mis en œuvre pour les obtenir qui peuvent l'être. Je me récite cette formule comme un mantra. Vivre frugalement ne veut pas dire se serrer la ceinture, mais limiter ses soucis.

J'ai la sensation de me libérer de scories, tandis que j'apprends à filtrer toute seule, grâce aux forces critiques de mon jugement, tout ce que je veux, ou plutôt ce que je pense vouloir, ou plutôt ce que l'on me demande de vouloir. Je commence à éprouver une défiance amusée à l'égard des panneaux publicitaires. Au cinquième jour, ils me font l'effet de gigantesques guets-apens tendus un peu partout pour piéger les passants. Suis-je en train de virer paranoïaque ? Je suis obsédée par les messages subliminaux, j'ai l'impression de marcher dans les rues du film *Invasion Los Angeles*.

Je veux décider par moi-même ce que je désire, mais aussi ce que je ne désire pas. Le problème, c'est que cette activité finit par absorber tout mon temps, comme un tourbillon dont il serait impossible de sortir. Je ne fais que penser aux choses, aux objets qui encombrent mon appartement, j'essaie de faire du tri pour me donner bonne conscience ; résultat : prise par l'urgence de me débarrasser du superflu de manière irréversible, je donne à la Croix-Rouge tous les vêtements que je ne porte plus, ainsi que ceux qui me semblent répondre à un goût étranger. Pendant un jour ou deux, je suis légère.

Le soir du troisième jour après la libération de mon dressing, cependant, je dois sortir dîner. Et pour la première fois, je comprends ce que veut *vraiment* dire ne rien avoir (ou presque) à se mettre. J'ai été gâtée toute ma vie : comment pouvais-je prétendre devenir ascète du jour au lendemain ?

Il ne me reste plus que quelques vêtements monotones à faire peur : à force de vouloir ressembler à moi-même, je vais devoir sortir en uniforme. J'éclate en sanglots devant l'armoire dépouillée. Il est clair que je me suis trompée quelque part. Le problème du désir m'est apparu si pressant, dans mon monde de consommatrice conformiste, que j'ai peut-être eu une réaction trop radicale. Moi qui étais si prompte à me qualifier d'épicurienne, j'ai fait pendant cette semaine l'expérience d'une affectation extrême et pourtant cachée du regard des autres : un exhibitionnisme privé de spectateur qui me révèle sans crier gare la nature contradictoire de mon rapport aux désirs.

Je les crains, mais je ne les respecte pas, même si je sais combien ils peuvent être puissants : au lieu de les subir, ou d'essayer de les dompter avec cette fermeté artificielle, pourquoi ne me suis-je pas penchée sur eux pour les écouter ? J'aurais dû prévoir que cette fièvre d'ascétisme finalement assez semblable à la frénésie contre laquelle elle était censée se dresser allait se retourner contre moi. Il n'est pas facile d'apprendre la modération : je crois que c'est même *impossible*, du moins tant que je m'entêterai à la considérer avec ce regard de moraliste, tant que je ne me serai pas défaite de cette manie de vouloir donner un sens au moindre geste. J'ai voulu m'imposer une posture austère, mais de façade, postiche. Ce n'est pas vrai que réchauffer une casserole de soupe me remplit de félicité, ce n'est pas vrai qu'une seule pomme peut faire mon bonheur. Je voulais simplement me laisser absorber par les petites choses : mais le problème est ailleurs. Debout face à mon armoire presque vide qui ne reflète que mon côté le plus sévère – j'ai banni les couleurs, parce qu'elles ne me semblaient pas nécessaires –, je me rends compte que j'ai commis une grossière erreur : à force de me concentrer sur ma petite personne, de m'obstiner à brider le moindre frémissement de désir, j'ai oublié l'amitié.

Je ne peux pas penser qu'au plaisir : ni pour tenter de le résumer à son essence et le rendre paradoxalement sophistiqué (avec pour résultat, comme je viens d'en faire l'expérience, de le voir disparaître), ni pour l'utiliser comme refuge. À trop vouloir se replier sur sa vie secrète pour se consoler et se protéger du monde, on se transforme en petits escargots confinés à leur coquille. On allume des bougies et des feux de cheminée, on cherche sérénité et minimalisme, on s'essaie à un mode de vie *hygge*, on n'a à la bouche que cet intraduisible vocable nordique, on se concentre sur la simplicité de petites jouissances idiosyncratiques et indescriptibles – la première gorgée de bière glacée, mais attention, que la première ! – parce que, au bout du compte, on se méfie du plaisir. Mais quel ennui, à la fin, de vivre recroquevillés sur ses sensations ! Celle qui emploie toutes ses forces pour vivre pleinement l'instant où la soupe de légumes commence à frémir sur le feu, qui se congratule comme si elle avait accompli Dieu sait quel exploit parce qu'elle a réussi à produire toute seule trois petites feuilles de basilic, celle qui commence à paniquer dès qu'elle croit reconnaître en elle un désir suggéré par le monde extérieur, cette fille-là n'est pas moins malheureuse, pas moins semblable à Bouvard et Pécuchet que celle qui à Paris s'achetait un livre incompréhensible pour se donner un genre. Je vois que je me suis trompée : pas en voulant m'essayer à la vie épicurienne, mais en voulant le faire de cette façon, sans demi-mesure, espérant une catharsis et pensant pouvoir l'obtenir grâce à ma volonté, m'isolant du reste du monde comme si hors de moi la réalité était toxique, contaminée. Cet isolement ne conduit pas à la sagesse, mais au fanatisme ; je ne voudrais tout de même pas devenir l'incarnation de la Suisse dans la boutade d'Orson Welles – cinq cents ans d'amour fraternel pour inventer l'horloge à coucou tandis qu'à quelques centaines de kilomètres de là, des disputes sanguinaires donnaient naissance à la chapelle Sixtine.

Je me suis concentrée sur les choses – sur les objets – parce que je voulais *me libérer* de l'esclavage des choses. Or je me suis trompée de cible, cela m'apparaît maintenant avec évidence, tout comme m'apparaît la possibilité d'apprendre de cette erreur : c'est le moment de faire machine arrière.

Heureusement, comme Épicure l'écrit généreusement dans sa lettre sur le bonheur : « Qu'on ne remette pas la philosophie à plus tard parce qu'on est jeune, et qu'on ne se lasse pas de philosopher parce qu'on se trouve être vieux. Il n'est en effet, pour personne, ni trop tôt ni trop tard lorsqu'il s'agit d'assurer la santé de l'âme. Or celui qui dit que le moment de philosopher n'est pas encore venu, ou que ce moment est passé, est semblable à celui qui dit, s'agissant du bonheur, que le moment n'est pas encore venu ou qu'il est passé. Par conséquent, doivent philosopher aussi bien le jeune que le vieillard, celui-ci afin qu'en vieillissant il reste jeune sous l'effet des biens, par la gratitude qu'il éprouve à l'égard des événements passés, et celui-là, afin que, tout jeune qu'il soit, il soit aussi un ancien par son absence de crainte devant ce qui va arriver. »

Difficile de faire plus clair. Je ne suis pas un escargot, je ne suis pas et je ne dois pas me voir comme la maîtresse incontestée de mon existence ; en partie, oui, mais pas entièrement. Je dois simplement éviter d'être extrême, glisser dans mon épicurisme quelque chose de ce que j'ai appris des stoïciens – d'ailleurs, Épicure était sans doute bien plus proche de leur doctrine qu'ils ne l'auraient voulu, eux qui détestaient à mort les épicuriens. Je suis tombée dans le piège de croire à une opposition radicale entre les deux écoles, et j'ai fini par sombrer dans un délire – ascétique – d'omnipotence. Pourquoi ne suis-je pas parvenue dès le début à donner le juste poids à ces paroles d'Épicure, que j'avais pourtant scrupuleusement transcrites dans mon carnet, en les soulignant d'un double trait de plume ? « Il faut en outre garder en mémoire que ce qui va arriver n'est pas en tout point sous notre gouverne, et qu'il n'y échappe pas non plus en tout point, afin que nous ne l'attendions pas comme s'il devait infailliblement se produire, et que nous ne nourrissions pas non plus l'espoir qu'il ne se produise absolument pas. »

Je comprends qu'être une bonne épicurienne ne veut pas dire avoir un comportement dissolu ni monacal envers soi-même, mais se laisser vivre en gardant à l'esprit un léger fatalisme, sans prêter le flanc à l'angoisse. Il n'y a rien de trop grave, le *tetrapharmacon* est avec moi : je ne dois craindre ni des dieux ni du surmoi. Quant à la peur souterraine qui nous dévore tous, la peur de la mort, elle est la peur de quelque chose que je ne sentirai même pas, parce que je ne serai pas là, parce que je ne la sentirai pas comme je sens aujourd'hui la vie. Et la vie, je la sens, soudain, tandis que je me remets à regarder par la fenêtre un jour de pluie diluvienne.

« Ainsi, tout plaisir, parce qu'il a une nature qui nous est appropriée, est un bien, et pourtant tout plaisir n'est pas à choisir. De même, toute souffrance est un mal, mais toute souffrance n'est pas toujours par nature à refuser. » Il n'était pas nécessaire de donner dans le mélodrame, me dis-je. Je m'achète une écharpe rouge, moins chère que la paire de bottes de mes rêves, mais qui me met de bonne humeur. Et pas pour l'objet en lui-même – je ne me demanderai pas s'il répond à un désir induit ! –, mais pour le simple fait de m'être fait un cadeau, de m'être rendue heureuse avec peu[1]. Mais ce qui me met vraiment le cœur en joie, en fait, c'est autre chose. Rien à voir avec l'écharpe : elle n'est qu'un symbole, comme tous ces objets dont je voulais désespérément me libérer hier encore.

Je suis sortie acheter un timbre, une enveloppe et un bloc de papier à lettre. Assise dans un café, sans me forcer à cataloguer ce moment de plaisir, bercée par la douce monotonie de la pluie, j'ai écrit une longue lettre à l'amie à laquelle je n'ai jamais envoyé la carte postale – carte que j'ai glissée dans l'enveloppe, avec les pages de ma lettre. Et j'espère qu'elle m'appellera, que j'aurai bientôt de ses nouvelles : je veux savoir ce qu'elle fait et ce qu'elle pense, je l'ai invitée à venir me voir. Je veux marcher avec elle dans la ville, lier connaissance avec des inconnus. De but en blanc, après avoir été obsédée par ça pendant des jours, je découvre qu'il existe davantage que moi, les choses, et les sensations que me procurent les choses : il y a le monde entier, les amis, les passants. Il y a la pluie, les flaques, l'humidité, et maintenant que je ne tends plus l'oreille pour tout écouter, tout me parle. Je retrouve enfin mes sensations, maintenant que je regarde au dehors, maintenant que je ne suis plus braquée sur moi-même.

1. Voici ce que dit la lettre à Ménécée : « Par ailleurs, nous considérons l'autosuffisance elle aussi comme un grand bien, non pas dans l'idée de faire avec peu en toutes circonstances, mais afin que, dans le cas où nous n'avons pas beaucoup, nous nous contentions de peu, parce que nous sommes légitimement convaincus que ceux qui ont le moins besoin de l'abondance sont ceux qui en tirent le plus de jouissance, et que tout ce qui est naturel est facile à acquérir, alors qu'il est difficile d'accéder à ce qui est sans fondement. »

Je sens que si elle a été aiguë, la douleur causée par la fin de l'amour ne l'a été que brièvement ; elle persiste sous la forme d'une petite douleur chronique, en fond, mais supportable. Épicure avait raison.

Cette pluie me fait l'effet d'une renaissance ; je renais à travers ce déluge que je savoure à la fenêtre, après être remontée chez moi. Les coudes sur le rebord de la fenêtre, mon écharpe rouge autour du cou, je regarde le chaos dehors comme on regarderait une tempête marine depuis le rivage, en se sentant à l'abri de la colère des éléments. Mais j'oublie que nous ne sommes jamais complètement maîtres de notre destin.

Comment aurais-je pu deviner, absorbée comme je l'étais par mes petites plantations et par la mission exténuante que je m'étais imposée de dépouiller mes désirs, que la terrasse au-dessus de mon appartement avait depuis des mois la gouttière bouchée ? J'en fais la découverte d'un coup, tandis que je contemple, le cœur plein d'élans et de lyrisme, les rafales d'eau derrière la vitre laminée par la pluie ; soudain, un vacarme effrayant retentit, accompagné d'un écroulement de gravats et d'une étincelle. Pile sur mon ordinateur, dans le coin du salon, le plafond s'est ouvert et tout s'est effondré. Heureusement que j'étais à la fenêtre, et pas assise à mon bureau en train de travailler, comme j'aurais dû. Même si je ne dois pas me soucier de la mort, qui ne survient que quand nous ne sommes plus là, je suis très contente qu'Épicure m'ait sauvé la vie.

À travers la béance dans le plafond, j'ai presque l'impression d'apercevoir un morceau de ciel. Je ferais mieux d'appeler les pompiers.

Sixième semaine

Une semaine cynique

Je suis encore mortifiée par la catastrophe quand j'entame ma dernière semaine philosophique, mais je la finis en me promenant dans le quartier en compagnie de mon chien, et riche d'un nouvel ami : Mario, dit Marione, le clochard qui vit dans l'entresol. Mario est l'une des personnes les plus sympathiques que j'ai rencontrées ces derniers temps, et j'ai l'impression que c'est la raison pour laquelle les copropriétaires de l'immeuble lui ont réservé un endroit sûr, à côté des caves, dans lequel il ne va dormir qu'en cas de mauvais temps car, affirme-t-il, on est toujours mieux à l'air libre. Comme vous pouvez vous en douter, je m'apprête à vous raconter ma semaine cynique : celle où, pour la première fois de ma vie, j'ai commencé à comprendre avec une approximation presque acceptable ce que signifie la liberté. Et peut-être aussi le bonheur.

Je crois que je n'aurais jamais eu l'occasion d'avoir ne serait-ce qu'une lointaine intuition de la chose si je n'avais pas traversé toutes les semaines passées : si je n'avais pas découvert, en pythagoricienne, que je pouvais vaincre ma paresse et m'imposer des règles précises même sans en comprendre la signification ; si je n'avais pas appris, à l'école des éléatiques, à me défaire de la présomption selon laquelle le temps serait une donnée m'appartenant exclusivement qui ne devrait avancer que dans la direction qui m'arrange. Si les sceptiques ne m'avaient pas par la suite enseigné à me méfier de mes sensations et à me poser des questions sur tout, et les stoïciens, à supporter l'idée que certaines choses ne peuvent pas changer ; et si, enfin, je n'avais pas commencé, grâce à Épicure, à traiter mes désirs avec une familiarité désinvolte, à être généreuse et non avare de ce que j'éprouvais, comme il convient de l'être avec ses amis.

Surtout, je n'y serais pas parvenue si je n'avais pas commencé à vivre dans le présent, avec mon corps mais aussi avec ma tête, si je n'avais pas accepté de m'arrêter sur les plus menus dilemmes, sur les détails négligeables de la vie quotidienne ; le tout en luttant de toutes mes forces contre mes limites, en me retournant contre les habitudes les plus invétérées, contre les rengaines que forment ces pensées qui riment entre elles et qui, à force, ont perdu l'ombre d'une signification pour n'être plus que les échos d'un las ressassement. Il est étrange de constater que ce que nous considérons comme nos valeurs les plus importantes, celles que nous imaginons aussi solides et inexpugnables que des murailles dressées au seuil de notre personne, peuvent soudain se révéler élastiques, fines et légères. Je me pensais à l'abri, barricadée dans mon fortin, entourée de mes petites certitudes, des choses que je m'étais habituée à penser sur moi, sur les autres et sur le monde : mais j'habitais en fait l'un de ces châteaux forts gonflables dans lesquels jouent les enfants, fragiles et aussi impropres à défendre le moindre secret qu'à durer dans le temps. Je vivais dans un château fait pour pouvoir y jouer sans se faire mal – ce qui, soulignons-le, serait fort difficile dans un vrai château.

Ce qui me frappe, cependant, c'est que je ne ressens pas du tout comme un manque la disparition de cette protection que m'avait donnée, pendant des années, l'habitude de penser toujours les mêmes choses, ou plutôt : de penser toujours comme s'il m'était interdit de regarder au-delà des murs du château, de naviguer sur les douves en défiant les crocodiles mangeurs d'enfant. Je croyais que cette habitude servait à me protéger, à me permettre de vivre sereinement ; elle ne me permettait que de vivre déprimée.

En somme, au début de cette semaine cynique, je suis plutôt d'humeur fanfaronne, même si je ne l'assume pas tout à fait : je ne suis pas habituée à cet état et je suis encore déboussolée, abasourdie par ce qu'il s'est passé le soir de la tempête. À l'endroit exact où le plafond s'est écroulé en un tas de gravats détrempés se trouvait mon bureau, et, sur mon bureau, mon ordinateur ; et à l'intérieur de mon ordinateur, une traduction presque finie, la moitié d'un roman, deux ou trois ébauches d'articles. Quelques nouvelles, aussi, ainsi que les fichiers PDF de nombreux ouvrages. Naturellement, faisant preuve d'une grande prudence, j'avais tout sauvegardé sur une clé USB... restée, hélas, ce jour-là, logée dans la fente qui lui était destinée.

À côté de mon ordinateur, auquel était également branché un câble qui lui permettait de recharger sa batterie, reposait une autre prothèse de ma mémoire : mon téléphone, avec mon répertoire et mes messages, mes photos et les dates d'anniversaire de mes amis, mon navigateur qui connaissait tous mes trajets, et le mode prédictif qui parlait ma langue et savait même me suggérer les mots que j'avais l'habitude d'ajouter après celui que j'étais en train de composer.

Je me suis laissé dire qu'on pouvait essayer de sauver quelque chose. J'ai entendu parler disques durs, mémoire interne et autres termes compliqués que j'ai diligemment fait semblant d'écouter. Puis, avec un large sourire, j'ai regardé dans les yeux l'expert mandaté par l'assurance et je lui ai demandé de laisser tomber. J'ai dit que ce n'était pas la peine, que je me fichais de récupérer quoi que ce soit : il avait toujours l'air préoccupé mais moi, je me sentais rayonner de bonheur.

Combien de journées de travail ai-je perdues – comment vais-je faire pour rendre cette satanée traduction ? Je n'en ai pas la moindre idée. Mais voilà : l'expert a débarqué le troisième jour de ma semaine cynique, et l'enseignement avait déjà porté ses fruits. Je sens que d'une façon ou d'une autre, je vais m'en sortir ; mais je ne saurais pas dire *comment*.

J'observe les chiens, depuis que je suis devenue cynique. Je ne fais rien d'autre que regarder les chiens dans la rue. Je me surprends parfois à les suivre, lorsque j'en aperçois un trottinant sûr de lui vers un endroit inconnu – mais les chiens savent toujours où aller. Il y a quelques jours encore, je n'avais même pas conscience qu'ils existaient, et maintenant je les vois partout, ils sont magnifiques, heureux, à l'image de mon bien-être pendant ma semaine cynique. Mais commençons du début.

J'ai toujours été attirée par l'école cynique, peut-être simplement à cause de son nom, si beau, ou de mon sempiternel bovarysme, le même qui faisait resplendir, à mes yeux, l'adjectif « épicurien » : j'ai longtemps aspiré au cynisme comme à un titre honorifique. Lequel ne m'a jamais été décerné : il vient couronner un sarcasme, un humour carnassier qui ne doivent exister que dans ma tête, puisque de ma vie personne ne m'a jamais qualifiée de cynique.

C'est sans doute cette instinctive sympathie qui m'a conduite à m'inscrire en dernier à cette école – nous l'appelons cynique, mais nous pourrions tout aussi bien l'appeler école canine –, quand j'ai fait la liste des institutions que j'allais fréquenter durant mes six semaines expérimentales. Je l'ai gardée pour la fin parce qu'elle me paraissait la plus drôle mais surtout la plus libre : avant même de commencer cet insolite exercice je savais – et j'en ai eu la confirmation, depuis – qu'il vaut mieux arriver préparé à la liberté.

Quand je commence à fréquenter les cyniques, j'éprouve à leur égard une familiarité strictement émotive, et très arbitraire, due au fait qu'au milieu du foutoir anecdotique qui habite ma mémoire depuis mes cours de philosophie antique surgit de temps en temps une image – image qui m'a souvent permis de relativiser et de reprendre espoir quand je consultais le solde pourtant décourageant de mon compte bancaire : Diogène de Sinope, qui s'était choisi le surnom de « Chien », et vivait comme un vagabond dans un tonneau.

Le κυνισμός – « cynisme » – désigne, littéralement, l'« imitation du chien ». Voici la meilleure définition du style de vie cynique. Les enseignements de cette école se transmettent en effet moins par la doctrine que par les comportements. L'école cynique fut fondée par Antisthène, peu après la mort de Socrate, dans un gymnase à l'extérieur d'Athènes, élevé sur un terrain consacré à Héraclès : le Cynosarge (c'est-à-dire « chien agile »). Il est possible que l'école ne doive son nom qu'au lieu où elle vit le jour, qu'elle ne s'appelle « cynique » que par accident ; il n'empêche que – hasard ou lien de causalité dans lequel il est impossible de distinguer la poule de l'œuf – l'inspiration canine contamina l'école entière. Les cyniques mirent au cœur de leur doctrine l'objectif de vivre comme des chiens, transformant avec une fougue presque artistique chaque aspect de leur existence en une profession de vagabondage et, dans le même temps, de fidélité manifeste au devoir moral. Il s'agit d'une école aux finalités et aux intérêts purement éthiques. La vertu humaine, pour les cyniques, consiste à vivre *selon la nature*. Pas toutefois dans le sens rationnel et téléologique que les stoïciens donnèrent à cette même expression : pour les cyniques, qui attribuèrent la plus grande importance à la *pratique* d'un exercice existentiel, et qui ont pour ce faire mis au point une doctrine bien plus performative que descriptive du monde, il est fondamental de s'adapter aux conditions de vie les plus simples, les plus élémentaires. L'idéal cynique de l'autosuffisance ou autarcie (αὐτάρκεια, parole stoïcienne aussi, mais appliquée par les cyniques de manière beaucoup plus extrême sur le plan pratique) coïncide avec une réduction drastique des besoins. Et n'entendez pas cela à la légère : le vrai cynique se moque, avec beaucoup plus de fermeté que l'épicurien, des besoins induits. Et il use d'une sévérité implacable pour distinguer les différents besoins avant de ne s'employer à satisfaire – sans la moindre honte – que les plus pressants, les besoins *vraiment* primaires. La biographie du célèbre Diogène de Sinope éclaire à merveille cette philosophie de vie. Non seulement ce dernier prit le nom de « Chien » et vécut dans un tonneau, mais il manifestait du mépris pour toute commodité, même la plus rudimentaire : jusqu'à l'écuelle ou la coupe pour boire, par exemple. Selon le Chien, en effet, nul besoin d'une coupe tant qu'on peut utiliser ses mains. Le cynisme invite à une subversion de toutes les normes sociales en vigueur, à une conduite empreinte de la plus extrême *impudence* (ἀναίδεια [*anaideia*]) et indifférence vis-à-vis des conventions.

Alors que je m'attelle pour de bon à ma transformation en disciple cynique, je me penche sur le formidable portrait de Diogène que brosse son homonyme Laërce, à partir de nombreux témoignages, dans le sixième livre des *Vies et doctrines des philosophes illustres*. C'est en m'imprégnant de ce qui m'apparaît comme la voix même du Cynique que j'accède à l'explication du surnom de Diogène de Sinope. L'homme devait être, entre autres, un humoriste hors pair : même en considérant que, parmi toutes les répliques fulgurantes qui lui sont attribuées, certaines sont l'œuvre de son entourage, la personnalité réelle dont s'inspire la légende débordait de charisme à coup sûr. Ainsi lis-je : « Un jour qu'Alexandre se tenait auprès de lui et disait : “Moi, je suis Alexandre le grand Roi”, Diogène dit : “Et moi, je suis Diogène le chien !” Comme on lui demandait ce qui lui valait le nom de “Chien”, il répondit : “Ceux qui me donnent, je les caresse ; ceux qui ne me donnent pas, je les poursuis de mes aboiements ; quant aux méchants, je les mords.” » Et on raconte qu’il lui arrivait même de mordre pour de vrai. Sinon avec les dents, du moins avec ses mots. Pas étonnant de la part d’un tel personnage, me dis-je – de la part de quelqu’un qui rétorquait, quand on lui faisait remarquer qu’il avait été banni de son pays : « Mais c’est à cause de cet exil, malheureux, que je me suis mis à philosopher ! » ; et, au sujet du peuple de Sinope, responsable de cet ostracisme : « Eh bien, moi, je les ai assignés à résidence. » De la part de quelqu’un qui lançait, quand on lui demandait quel était selon lui le moment opportun pour se marier : « Quand on est jeune, c’est trop tôt ; quand on est vieux c’est trop tard. »

Naturellement, la façon qu’il avait de parler de lui-même comme d’un chien ne devait laisser indifférent aucun de ses interlocuteurs, lesquels étaient plutôt nombreux : Diogène passait sa vie à dialoguer avec des inconnus, les gratifiant de boutades abrasives dans lesquelles se dissimulaient des enseignements aussi élémentaires que difficiles à mettre en pratique. À des individus qui lui demandaient des précisions sur sa nature canine – à quelle race il pensait appartenir –, il répondit qu’il était un maltais quand il avait faim, et un molosse quand il était repu : soit, d’un côté, un caniche énervé, de l’autre, un énorme chien de labeur. Puis il ajouta, histoire de lever les dernières ambiguïtés, une phrase qui illustrait son esprit acéré et sa nature poil à gratter : « Je suis de ces chiens dont la plupart des gens font l'éloge, mais qu'ils n'osent, par crainte de l'effort, emmener à la chasse. C'est ainsi que vous n'êtes même pas capables de vivre en ma compagnie, par crainte des souffrances. »

Diogène le Chien, en vrai précurseur du punk – c'est ainsi que je l'imagine en lisant ces récits hilarants –, avait un goût assumé pour l'outrance, mais toujours employée dans un but pédagogique, comme le rappelle Diogène Laërce. S'il haussait le ton, s'il n'hésitait pas à provoquer, c'était toujours pour donner l'exemple : « Il disait qu'il imitait les maîtres de chœur. Ceux-ci en effet entonnent un ton plus haut afin que les autres trouvent le ton juste. »

Il devait être un chien éreintant, de ceux qui vous causent bien du souci lorsque vous les emmenez en promenade, un roquet qui montre les dents. Il n'empêche que je commence à éprouver à l'égard de ce Diogène une irrésistible sympathie. Je sais bien que je ne pourrai jamais me hisser à son niveau, trop extrême, trop éloigné de ma nature : il restera un maître inégalé, un humoriste unique en son genre, un de ces hommes capables d'accéder à la liberté en dissipant leur réputation – j'ai un tempérament bien trop petit-bourgeois pour une telle entreprise. C'est avec une pointe d'amertume que je me rends compte de mes limites ; pourtant, elles se sont un peu assouplies à l'issue de cette drôle d'expérimentation existentielle. Mais pas besoin d'être un génie pour se figurer le mépris que Diogène aurait manifesté envers les commodités et les mollesses dans lesquelles j'évolue.

Je n'arrive même pas à imaginer comment je pourrais trouver en moi assez de courage pour décider d'aller habiter dans un tonneau ; ni de marcher pieds nus dans les rues de ma ville, ou de jeter mon unique verre car, comme le dit le Cynique, à quoi servent les verres quand on possède une belle paire de mains ? Toutefois, et c'est ma chance, l'école cynique n'impose pas à ses disciples de consignes aussi détaillées que l'école pythagoricienne : je peux donc m'épargner de passer la journée à quatre pattes dans une barrique. En l'absence de règles pratiques spécifiques, je le sais maintenant, c'est ma façon de penser que je dois changer : comme toujours, j'opérerai ma métamorphose en appliquant de petites astuces de dresseur visant à me faire adopter des postures particulières et de nouvelles attitudes en conséquence. Diogène, qu'en fermant les yeux j'imagine marchant pieds nus, comme un aliéné, dans les rues d'Athènes, m'enseignera comment faire : c'est le guide idéal, lui qui prétendait savoir commander les hommes et tenta même, un jour, de se faire vendre à un riche seigneur de Corinthe, au prétexte que ce dernier avait besoin d'un *maître*.

Je suis assez fière de découvrir que ma curieuse expérience ne diffère pas tellement de certaines méthodes prescrites par ce « Socrate fou », comme l'appelait Platon. Ce dernier entretenait un rapport singulier avec Diogène : à en croire les anecdotes qui nous sont parvenues, leur relation, émaillée de vexations et de piques bien senties, manifestait un mépris réciproque si cordial qu'on en vient à se demander s'il ne s'agissait pas en réalité de l'une de ces grandes et bruyantes inimitiés d'apparence fondées sur une familiarité affectueuse, comme il en naît parfois entre compagnons de classe ou amis d'enfance, ou entre collègues, mais seulement dans certains milieux professionnels qui incitent à la camaraderie et à l'esprit potache – et j'aurais plutôt tendance à exclure les philosophes de cette catégorie, mais les choses devaient être bien différentes à l'époque. Du reste il était plausible, alors, que se côtoient à un festin, en chair et en os, les personnages du *Banquet*.

Il ne s'agirait toutefois pas de croire que Diogène a inventé le cynisme à lui tout seul ; il avait besoin d'un maître, lui aussi, et il le choisit très bien. Ce maître, Antisthène – dont Diogène gagna l'amitié grâce à l'une de ses entreprises farfelues – était fils d'une esclave ; comme Diogène, banni par les habitants de Sinope dont il disait que c'était lui qui les avait condamnés à rester dans leur cité, Antisthène ne jouissait pas à Athènes des droits de citoyen. Et Antisthène qui, dans *Le Banquet* (celui de Xénophon, pas de Platon), prononce un très beau discours sur le fait que plus on s'habitue à n'avoir besoin de rien, plus on se sent, avec très peu, maître du monde, est présenté comme le précurseur d'une pratique à laquelle adhérera Diogène – et beaucoup d'autres, parmi lesquels nous, d'une certaine façon, toutes les fois où nous passons la nuit dans un sac de couchage : en effet, l'homme fit doubler la longueur de son manteau pour avoir le loisir de le transformer, en s'enroulant dedans, en lit improvisé.

Toujours selon Laërce, il ne fut pas facile pour Diogène de convaincre Antisthène de devenir son maître. Cette information me console quelque peu ; en effet, à force de lire les mordants traits d'esprit que Diogène réservait aux individus plus douillets que lui, j'en suis venue à lui prêter à mon égard un imparable dédain, quand mes divagations me conduisent à m'imaginer en Grecque, vêtue d'une petite tunique et brandissant une lanterne (hommage à la « recherche de l'homme » inventée par le même Diogène, qui sortait en plein jour avec sa lanterne allumée en disant « Je cherche un homme »), frappant contre la porte de son tonneau pour demander au Chien de me servir de guide.

Voilà ce qui arriva à Diogène – lequel, il faut bien l'admettre, fournit la preuve d'un entêtement qui force l'admiration : « Une fois à Athènes, il entra en relation avec Antisthène. Alors que ce dernier le repoussait, car il ne laissait personne l'approcher, Diogène, par ses assiduités, le contraignit à accepter. Un jour qu'Antisthène avait levé sur lui son bâton, Diogène lui présenta sa tête et dit : “Frappe, car tu ne trouveras pas de bois assez dur pour m'écarter, tant qu'il est clair que tu as quelque chose à dire.” De ce moment il devint son auditeur et, comme il était exilé, il se lança dans la vie frugale. »

Forte de cet exemple, je m'abandonne à un nouveau scénario fantasmatique : le Chien, après m'avoir asséné un coup de bâton sur la tête, approuve d'une façon ou d'une autre mon expérimentation existentielle – voire, soyons fous, ma méthode dans son ensemble. Du reste, je lis que « l'ascèse, disait Diogène, est double, l'ascèse physique d'une part, et d'autre part cette ascèse corporelle, au cours de laquelle des représentations, qui se produisent dans un exercice constant, donnent de la facilité pour les œuvres de la vertu. Mais l'une est incomplète sans l'autre, car vigueur et force sont au nombre des qualités qu'il convient de rechercher tout autant pour le corps que pour l'âme. Et il avançait des preuves de ce qu'il est facile à partir de l'exercice de s'établir dans la vertu : il voyait en effet que, dans les arts manuels et les autres, les artisans possèdent, grâce à la pratique, une habileté manuelle hors du commun, combien aussi les joueurs de flûte et les athlètes, grâce au labeur approprié et constant, excellent dans leur domaine respectif, et comment, s'ils avaient reporté leur ascèse aussi sur leur âme, la peine qu'ils prennent ne serait ni inutile ni incomplète. Rien, absolument rien, disait-il, ne réussit dans la vie sans ascèse ; celle-ci est capable, en revanche, de triompher sur tout. »

Non seulement, donc, Diogène aurait approuvé ma tentative d'exercer mon esprit à travers la mise en place de nouvelles habitudes, mais également la paresse qui me pousse à former l'hypothèse, chaque fois qu'une nouvelle tâche se présente à moi, que celle-ci n'est pas vraiment indispensable. En effet, j'apprends qu'« alors qu'ils devraient être heureux en ayant choisi, au lieu des labeurs inutiles, ceux qui sont conformes à la nature, les gens, à cause de leur folie, sont malheureux ».

Je fais part de toutes ces observations à Marione, qui est devenu entre-temps mon confident. Il a même accepté de monter pour un *caffé corretto* à la *sambuca* – à la condition, cependant, que le trou dans le plafond n'ait pas été réparé et que le coin de ciel au-dessus du bureau soit toujours visible. Il n'aime pas les intérieurs trop bien rangés, précise-t-il, comme pour justifier sa requête. Non sans un certain goût de la mise en scène, peut-être lié à son désir de me montrer comment on se comporte quand on a fait de l'absolue liberté son unique credo, il recrache sur la coupelle (et moi, terriblement petite-bourgeoise, j'apprécie qu'il ne vise pas le tapis) sa première gorgée de café, dans lequel, par automatisme, j'ai versé une cuillerée de sucre. Il s'est déshabitué du sucre en 1967, m'apprend-il. Peut-être dois-je me faire à l'idée que je ne pourrai jamais devenir une cynique pur jus : j'ai été élevée dans la ouate et je suis trop habituée à ce que les vrais nomades, les vagabonds autarciques, qui n'ont besoin de rien, tiennent pour un luxe débridé. Je me dis que si Diogène me rencontrait, il n'essaierait même pas de me mordre ; il me déclarerait cause perdue, comme ces jeunes gens qui, lorsqu'ils croisaient sa route, l'évitaient avec soin de peur de se faire mordre – ce à quoi Diogène rétorqua : « Soyez sans crainte, les enfants ! Un chien ne mange pas de bettes. »

Or en effet, à en juger par le fard que je pique en lisant pour Marione, bien plus intéressé par mon projet existentiel que par mon *caffé corretto*, certains passages de la vie de Diogène, je suis une vraie bette – doublée d'une prude ! Mon œil est tombé sur le paragraphe 46 du livre VI : « Un jour qu'il se masturbait sur la place publique, il dit : "Si seulement en se frottant ainsi le ventre, il était possible de calmer sa faim !" » Je ris comme une folle, mais même depuis la Lune, on pourrait voir mon embarras.

Pendant un instant, un interminable instant qui me recouvre de honte, je me sens en danger, menacée ; je voudrais que Marione parte au plus vite, cet inconnu qui ricane et se frotte l'estomac dans une imitation grotesque du passage que je viens de lui lire. Quelle mouche m'a piquée d'inviter chez moi un parfait étranger qui vit dans la rue depuis quarante ans ? Je me crispe, je suis choquée, presque blessée. Puis il ajoute qu'il est curieux de voir si elle fonctionne, cette astuce pour tromper la faim, et mon cœur se serre : combien de fois cet homme doit-il s'endormir le ventre vide ? Alors, comme pour me tirer de la nervosité dans laquelle il me surprend (et dans laquelle m'a plongée, en réalité, ma stupide pudibonderie), il ajoute que tout le monde n'est pas aussi gentil que moi.

Certes, je ne voudrais pas échanger ma vie contre la sienne, mais comme il me dépasse, cet homme qui, au lieu de s'offusquer d'une boutade osée et franchement hilarante vieille de plus de deux mille ans, confesse avec candeur qu'il faut bien trouver des moyens d'assouvir ses besoins, tandis que moi, moi qui n'ai rien à craindre de l'existence, je cherche continuellement à désinfecter mon esprit et mon corps de la contagion du monde ! Tout appartient aux sages, disait Diogène, en le démontrant par un syllogisme farfelu ; et cet individu devant moi, qui n'a rien, m'apparaît soudain comme un sage, comme quelqu'un qui a pour lui le monde entier[1]. Je sais que j'exagère un peu, que toute cette rhétorique contredit ma tentative de cynisme, mais ma stupeur est telle que je suis contrainte d'employer l'hyperbole.

Marione me dit qu'il faut essayer les choses, comme s'il voulait se justifier de l'excès de confiance dont il a

1. « Tout appartient aux dieux ; or, les sages sont amis des dieux ; par ailleurs les biens des amis sont communs ; donc, tout appartient aux sages. »

fait preuve quelques instants plus tôt. Et je comprends tout de suite qu'il a raison. Il me demande comment je pense pouvoir connaître les cyniques, si je ne connais même pas les chiens. Je ne sais pas quoi répondre.

Je ne sais jamais quoi répondre. Ou plutôt si : je suis peut-être en train de commencer à *apprendre* à répondre. Le jour de la venue de l'expert, quand ce dernier m'a proposé de tenter de récupérer mon travail perdu, j'ai dit que ce n'était pas la peine. Sans que je m'en rende compte, c'était déjà la cynique en moi qui parlait : c'était la personne qui avait compris combien ces travaux, payés une misère, effectués pour voir son nom imprimé sur un bout de papier, étaient sans importance. J'ai dit : il n'y a rien à récupérer. Et un peu de l'insatisfaction chronique que m'inspiraient depuis longtemps mes activités professionnelles a commencé, *piano piano*, à se dissiper. J'ai été frappée par une idée : peut-être que cette déchirante sensation d'inadaptation naissait du fait que j'avais perdu de vue ce que je voulais faire – et puis pourquoi avoir choisi un travail aussi ingrat ?

Écrire est un métier qui offre peu en retour, réclame de grandes peines et une immense solitude. Il oblige à se confronter sans cesse à ses limites, fait naître des frustrations démesurées : ce qui semble dans l'esprit limpide et beau ne ressemble jamais, dans la réalité, à l'image si exaltante de perfection avec laquelle on s'était mis au travail. Et la déception est cuisante. Pourquoi le faire, alors ? En ce qui me concerne, j'ai commencé à écrire parce que je voulais essayer, si tant est que ce fût possible, d'accepter ce que je ne pouvais pas changer ; la vie qui me terrifie me semble plus tolérable, une fois écrite. Je voulais essayer de raconter des choses singulières, des histoires impalpables à l'image de mes stupides fantaisies, afin que d'autres puissent les lire – et peut-être qu'ainsi, elles auraient perdu les stigmates de la solitude pour devenir simplement humaines. Je voulais qu'elles apaisent la douleur, ne serait-ce qu'un peu ; qu'elles aident à chasser les soucis, qu'elles aident à se sentir moins seuls après un chagrin d'amour. Qu'elles viennent en aide au lecteur (inconnu et invisible) en lui permettant de passer quelques heures agréables, de se rappeler certaines choses et d'en oublier d'autres. Je voulais me perdre, m'annuler dans les mots, quand j'ai commencé à écrire. Je n'y suis pas parvenue : pas une seule page, parmi les centaines qui se trouvaient dans mon ordinateur inondé, ne m'a permis d'accomplir cette mission. À ce compte-là, autant tout jeter et recommencer du début. Sans regrets, sans les subsides de l'avance sur droits. Tant pis. Parce que vivre, comme disait Diogène, n'est pas un mal : le mal, c'est de vivre mal.

Je connais une dame qui recueille les chiens abandonnés, poursuit Marione : il a compris mieux que moi que ce n'est pas l'indécision qui me fait garder le silence. Il m'explique ce que nous allons faire, il me dit que j'ai besoin d'un chien parce que je dois garder les pieds sur terre ; encore une fois, je n'ai pas mon mot à dire. Deux jours plus tard, juste avant la fin de ma semaine cynique, madame Rosanna, à travers sa vétérinaire de confiance, me confie, le temps d'un test, un petit bâtard que nous appelons pour le moment « Chien », car je ne sais pas encore si je pourrai le garder. Tout dépendra du verdict des bénévoles : m'en jugeront-ils capable ?

J'ai donc un chien provisoire tout tordu, le poil hirsute et une petite queue qui tremblote. Ensemble, nous découvrons les rues du quartier, nous allons courir au parc ; nous faisons la connaissance des autres chiens, mâtins indolents, labradors joueurs, timides cavaliers king Charles, et des mille croisements imprévisibles nés d'amours clandestines pendant que les maîtres, qui ne savent jamais rien, regardaient ailleurs. Le monde ne m'a jamais semblé aussi vaste.

Nous vivons au jour le jour, et je n'échangerais cette nouvelle vie contre aucune autre. Je ne peux envier personne : la vie que je mène, maintenant que je l'ai remise en question dans ses moindres détails, maintenant que je ne cherche plus à la faire ressembler à je ne sais quel idéal inatteignable, est tellement mienne que je ne peux pas la comparer – que je ne peux la faire entrer dans aucune arithmétique de compétition.

Il y a tant de choses que je n'ai pas, tant de choses que je ne sais pas ; mais depuis que j'ai perdu mes vieilles certitudes et appris à me laisser plier par les règles des écoles antiques, j'ai retrouvé un plaisir perdu depuis longtemps. Celui d'apprendre, d'essayer, de retourner mes pensées comme un gant, de découvrir que je me trompais et que cette découverte me donnait l'occasion de faire un peu mieux. J'ai perdu beaucoup, y compris les choses que je croyais dominer, posséder, connaître : mais cela, au moins, me permet de continuer à chercher, demander, étudier, scruter la vie sous toutes ses coutures. Je vis en cherchant quelque chose, mais quoi, je l'ignore ; peut-être seulement le bonheur de continuer à chercher. Je pense aux mots de Socrate : une vie sans examen ne mérite pas d'être vécue.

Je marche avec Chien dans les rues du quartier, je n'ai rien à moi, je suis heureuse. J'ai peut-être un peu appris à vivre grâce aux philosophes anciens ; et c'est peut-être cela, au bout du compte, qu'il vaudrait la peine de raconter.

L'étagère de livres impliquée dans cette expérience

Textes originaux

ARISTOTE, *Physique*, trad. Pierre Pellegrin, Flammarion, GF, 2002.

—, *Réfutations sophistiques*, trad. Jacques Brunschwig et Myriam Hecquet, notes par Pierre Pellegrin et Myriam Hecquet ; introduction, bibliographie et index par Pierre Pellegrin, Paris, Flammarion, GF, 2015.

DIOGÈNE LAËRCE, *Vies et doctrines des philosophes illustres*, éd. Marie-Odile Goulet, Paris, Livre de poche, 1999.

ÉPICURE, *Lettres, maximes et autres textes*, éd. et trad. Pierre-Marie Morel, Paris, Flammarion, GF, 2017.

—, *Lettre à Ménécée*, éd. et trad. Pierre-Marie Morel, Paris, Flammarion, GF, 2009.

ÉPICTÈTE, *Manuel*, éd. Laurent Jaffro, trad. Emmanuel Cattin, Paris, Flammarion, GF, 2015.

ÉSOPE, *Fables*, éd. et trad. Daniel Loayza, Paris, Flammarion, GF, 2014.

JAMBLIQUE, *Vie de Pythagore*, trad. Luc Brisson et Alain-Philippe Segonds, Paris, Les Belles Lettres, 1996.

LUCRÈCE, *De la nature*, éd. et trad. José Kany-Turpin, Paris, Flammarion, GF, 1997.

MARC AURÈLE, *Pensées pour soi*, éd. et trad. Catherine Dalimier, Paris, Flammarion, GF, 2018.

Ovide, *Les Métamorphoses*, éd. et trad. Joseph Chamonard, Paris, Flammarion, GF, 1966.
Parménide, *Le Poème, Fragments*, éd. et trad. Marcel Conche, Paris, Puf, 1996.
Platon, *Apologie de Socrate*, éd. Arnaud Macé, trad. Luc Brisson, Paris, Flammarion, GF, 2017.
—, *Le Banquet*, éd. et trad. Luc Brisson, Paris, Flammarion, GF, 2018.
—, *Parménide*, éd. et trad. Luc Brisson, Paris, Flammarion, GF, 2018.
—, *Phédon*, éd. et trad. Monique Dixsaut, Paris, Flammarion, GF, 1991.
—, *Théétète*, éd. et trad. Michel Narcy, Paris, Flammarion, GF, 2016.
Plutarque, *Vies parallèles I*, éd. Jean Sirinelli, trad. J. Alexis Pierron, révision de traduction Françoise Frazier, Paris, Flammarion, GF, 1995.
—, *Vies parallèles II*, éd. Jean Sirinelli, trad. J. Alexis Pierron, révision de traduction de Françoise Frazier, Paris, Flammarion, GF, 1996.
Porphyre, *Vie de Pythagore – Lettre à Marcella*, texte établi et traduit par Édouard Des Places, avec la contribution d'Alain-Philippe Segonds, Paris, Les Belles Lettres, 1982.
Sénèque, *Lettres à Lucilius*, éd. et trad. Marie-Ange Jourdan-Gueyer, Paris, Flammarion, GF, 2017.
Sextus Empiricus, *Contre les logiciens*, éd. et trad. René Lefebvre, Paris, Les Belles Lettres, « La Roue à livres », 2019.
—, *Esquisses pyrrhoniennes*, éd. et trad. Pierre Pellegrin, Paris, Seuil, Points, 1997.
Suétone, *Vies des douze Césars*, édition et révision de traduction de Jacques Gascou, trad. Théophile Baudement, Paris, Flammarion, GF, 2008.

XÉNOPHON, *L'Anabase – Le Banquet*, éd. et trad. Pierre Chambry, Paris, Flammarion, GF, 1996.

Recueils

Les Présocratiques, éd. établie par Jean-Paul Dumont, Paris, Gallimard, « Bibliothèque de la Pléiade », 1988.

Anthony LONG, David SEDLEY, *Les Philosophes hellénistiques*, tome 1 : *Pyrrhon. L'épicurisme*, tome 2 : *Les Stoïciens*, tome 3 : *Les Académiciens. La naissance du pyrrhonisme*, Paris, Flammarion, GF, 1997 et 2001.

Ouvrages de référence

Denis HUISMAN (dir.), *Dictionnaire des philosophes*, Paris, Puf, 2009.

Émile BRÉHIER, *Histoire de la philosophie*, Paris, Puf, 2012.

Luciano DE CRESCENZO, *Les Grands Philosophes de la Grèce antique*, trad. Bertrand Levergeois, Paris, Le Livre de poche, 2000.

Enciclopedia di filosofia, éd. G. Vattimo, Milan, Garzanti, 2004.

Bertrand RUSSELL, *Histoire de la philosophie occidentale*, trad. Hélène Kern, Paris, Les Belles Lettres, 2011.

Essais

Luigi ANZALONE, G. MINICHIELLO, *Lo specchio di Dioniso. Saggi su Giorgio Colli*, Bari, Dedalo, 1984.

Hans BLUMENBERG, *Le Rire de la servante de Thrace*, trad. Laurent Cassagnare, Paris, L'Arche, 2000.

John BURNET, *L'Aurore de la philosophie grecque*, trad. Auguste Reymond, Paris, Payot, 1919.

Lewis CARROLL, « What the Tortoise Said to Achilles », *Mind*, 4 (14), 1895, p. 278-280.

Lewis CARROLL, Jean GATTEGNO et Ernest COUMET, *Logique sans peine*, Paris, Hermann, 1966, « Ce que se dirent Achille et la tortue », p. 241-246.

Fulvia DE LUISE, Giuseppe FARINETTI, *I filosofi parlano di felicità*, Turin, Einaudi, 2014.

Marcel DETIENNE, *Les Jardins d'Adonis*, Paris, Gallimard, « Bibliothèque des histoires », 1972.

Carlo DIANO, *Il pensiero greco da Anassimandro agli stoici*, Turin, Bollati Boringhieri, 2018.

André-Jean FESTUGIÈRE, *Épicure et ses dieux*, Paris, Puf, « Quadrige », 1996.

Umberto GALIMBERTI, *Les Raisons du corps*, trad. Marilène Raiola, Paris, Grasset, 1998

Pierre HADOT, *La Citadelle intérieure, Introduction aux pensées de Marc Aurèle Paris*, Paris, Fayard, 1992.

—, *Qu'est-ce que la philosophie antique ?*, Paris, Gallimard, 1995.

—, *Exercices spirituels et philosophie antique*, Paris, Albin Michel, 2002.

Whitney J. OATES, *The Stoic and Epicurean Philosophers*, New York, Modern Library, 1957.

Jean-Pierre VERNANT (dir.), *L'Homme grec*, Paris, Seuil, 2000.

Autres textes cités

Guido GOZZANO, *Tutte le poesie*, Milan, Mondadori, 1991.

Michel DE MONTAIGNE, *Les Essais*, éd. Bernard Combeau, Paris, Robert Laffont, « Bouquins », 2019.

Paul VALÉRY, *Le Cimetière marin*, in *Œuvres*, tome I, éd. Jean Hytier, Paris, Gallimard, « Bibliothèque de la Pléiade », 1957.

Table

Composition et mise en pages
Nord Compo à Villeneuve-d'Ascq

Imprimé en France par Maury Imprimeur en septembre 2021
N° d'édition : L.01EHQN001200.A002
Dépôt légal : mai 2021
N° d'impression : 257438